障がい者と地域社会の真の共生をめざして

石橋須見江《ISHIBASHI SUMIE》

幻冬舎MC

障がい者と地域社会の真の共生をめざして

はじめに

障がい者と共生する社会を実現しよう――このように叫ばれてから久しく経ちますが、現実はそれにはほど遠い状況です。

そもそも、障がい者と健常者はお互いが理解し合い、社会生活をともにすることが大切であるとする「ノーマライゼーション」の考え方が北欧で生まれたのは、１９５０年代にさかのぼります。このような考え方が生まれた背景には、障がい者福祉の施策が施設の建設から始まることが多く、福祉の名のもとに障がい者の隔離が横行していたことがあります。障がい者施設は地域の片隅に建設され、施設を利用する障がい者は健常者と関わることがなく、障がい者と健常者の共生ができていなかったのです。

それから70年ほどが経過した今、日本は依然として、ノーマライゼーションが実現できているとはいえません。

それを顕著に表しているのが、２０２０年に行われた「グループホーム等障害者関連施設建設をめぐる反対運動に関するアンケート調査」（一般社団法人全国手をつなぐ育成会連合会）の結果です。過去10年間に、グループホームなどの障がい者関連施設の建設や運営開始に当たり、地域住民から反対された件数は90件で回答３５６件の25％に相当します。

このように地域住民から反対されて、あるいは反対を恐れて地域の片隅に障がい者関連施設を建設するケースは珍しくなく、障がい者と健常者の共生とはいまだほど遠い状況なのです。

私は現在約30の事業所を運営する社会福祉法人の経営者ですが、社会福祉法人を立ち上げる前は養護学校の教員として、障がいのある子どもたちの教育に37年にわたって従事してきました。

私が勤めた養護学校も多くの障がい者施設同様、地域の片隅に追いやられ、障がい者との共生はできていませんでした。

障がいのある子どもたちが社会に受け入れられていない現実をなんとかしたい――

1998年、私は障がい者が地域のなかで豊かに暮らせる環境をつくろうと考え、60歳のときに社会福祉法人を設立しました。

ところが理想を掲げてスタートしたものの、最初からつまずきます。知的障がい者の就労支援を目的とした通所授産施設を開設しようとしたのですが、候補地周辺住民の反対にあったのです。説明会を開いて理解を求めても承諾は得られず、結局その土地を断念しなければなりませんでした。その後も土地探しは難航、ここまで苦労するとはまったく予想しておらず、このままでは社会福祉法人として活動を始めることができないのではないかと諦めかけたとき、候補地の近隣住民の方が「土地はうちで用意する。あなたの夢にかける」と言ってくださり、ようやく第1号の施設を開設することができました。それから25年間にわたって、障がい者だけでなく、すべての人が地域の一員として生きがいをもって働き、夢を実現できる社会にしていきたいと願ってさまざまな事業所を運営し、現在、利用者は約720人、職員も240人にまで増えました。

本書は私が障がい者教育・福祉に携わってからの60年の歩みをまとめたものです。障がい者教育にどんな思いで携わってきたのか、その思いを社会福祉法人の経営にどう活かし、何を実現してきたのかを述べています。特に、障がい者の自立と地域社会との共生については強い思いで取り組んできました。この本が全国の社会福祉法人や障がい者、家族、そして地域の方々にとって、これからの時代にふさわしい社会福祉法人の姿を考えていくきっかけとなればたいへんうれしく思います。

目次

第2章

真の共生をめざし、退職金をすべて注ぎ込んで社会福祉法人を設立

第3章

障がい者に対する地域社会からの偏見をなくしたい

障がい者の「働く」枠組みを変える、自立に向けた取り組み

第4章

地域に役立つ社会福祉法人でありたい

地域ぐるみの事業をおこし、障がい者と社会との接点を増やす

第5章

序章

障がい者への差別や偏見が解消されず、
障がい者の自立も実現できていない……

掛け声だけの「障がい者との共生」

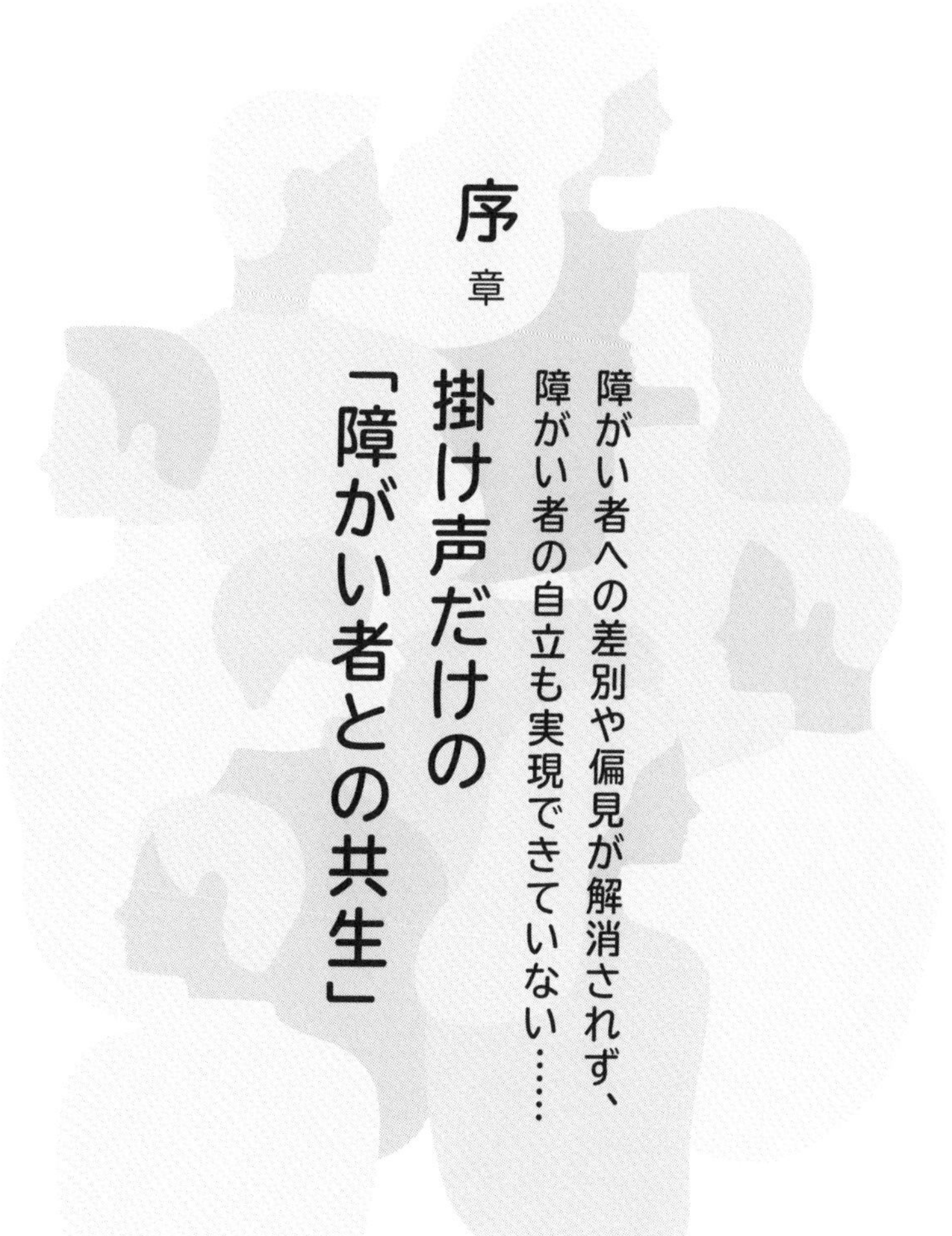

まだ遠い目標達成

「共生社会の実現」や「ダイバーシティー（多様性）」、「インクルーシブ（包摂）」といった言葉を耳にしない日はありません。多様な人々が集い、そこから生まれるものを新たな価値として活かしていくことこそ、今日本に求められているイノベーションの原動力であるともいわれています。そのとおりだと思います。しかし、私たちは本当にその方向に向かって前進することができているかといえば、まだまだ目標は遠いと思わざるを得ません。最近も残念なニュースがあとを絶たないのです。

障がい者が地域で暮らすための施設や共同生活をするグループホームの建設に対する反対運動は全国各地で続いています。

グループホームは行政による障害福祉サービスの一つです。障害者基本法に基づく新障害者基本計画の「障害の有無に関係なく相互に人格と個性を尊重し合える共生社会を実現すること」を理念として、「そのために障害者・障害児が可能な限り身近な場所で支援を受けられること」を目指します。従来の人里離れた土地ではなく、都市の住宅地に5、6人で共同生活を営むものとして開設することを前提としています。

ところが、この新たな理念のもとで始まったグループホームに対して、激しい反対運動が全国各地で起きているのです。

例えば首都圏のある住宅地ではすでに自治体の承認を得たグループホームの建設に対して近隣住民が「地域住民の安全を守れ」「子どもたちの安全を守れ」と大書したのぼり旗を周辺に掲げて絶対反対の意思表示をし、説明会でも「家に勝手に入ってくるのではないか」「安心して子どもを外で遊ばせられなくなる」「土地の資産価値が下がる」など、まるで凶悪な犯罪者がやって来るような発言を重ねました。障がい者の存在を、不利益をもたらすものとして考えているから出てくる発言であって、健常者である一般の市民が住まいを構えるのに、周辺の住民の許可を必要とすることなどあり得ません。しかし障がい者であるというだけで人権をないがしろにするような言動が平然と行われています。

電車やバス、飛行機などの公共交通機関が車椅子を使う障がい者にとって当たり前に使えるものになっているかといえば、使いにくい、あるいは事実上使えない状態にあることは少なくありません。また、それに対する改善要望に対しては「弱さを武器にするな」といった批判の声すら上がっています。

障がい者の雇用は一定の割合を満たすことが法律で定められていますが、取り組みが始まった１９７６年から50年近くが過ぎても、義務となっている数字を満たしている民間企業は全企業平均で48・３％と半数に達していません。しかもこの数字は「特例子会社」を設立してここで障がい者を雇用すれば、親会社やグループ全体の雇用であるとみなすという方法で基準をクリアした企業も含まれています。さらに衝撃的だったのは２０１８年に明らかになった国の障がい者雇用数の水増しでした。厚生労働省の調査の結果、中央省庁の多くで障がい者雇用義務化が行われた当初から42年間にわたって水増しが行われており、その数は27の行政機関で合わせて３４６０人にのぼっていました。実際の雇用率は当時の法定雇用率、２・３％を大きく下回る１・19％にすぎず、それを国自らがごまかしていたことが明らかになったのです。

「共生社会」の理念は高々と打ち出され、政策や制度も少しずつ整備されています。しかし、現状ではそれを担う人々の心が追いついていないと感じます。私たちは本当に心の底から共生社会に共感し、魅力を感じているのか、もう一度考えてみることが必要です。

「ノーマライゼーション」の理念のもとに

第二次世界大戦後の国際社会は「ノーマライゼーション」（normalization）という理念のもとに、障がい者の権利や社会福祉のあり方についてさまざまな検討を進めてきました。この理念は１９５０年代後半にデンマーク社会省で知的障がい者の入所施設を担当していたＮ・Ｅ・バンク-ミケルセンが唱えたものです。バンク-ミケルセンは当時の知的障がい者の入所施設の生活が、自由な外出も許されず、食事も就寝も同時でまるで収容所のようなものであることに疑問を抱き、知的障がい者であってもノーマルな生活を送る権利があり、それを可能にする社会を築かなければならないと訴えました。それに深く共鳴した隣国スウェーデンの知的障がい者連盟のベンクト・ニィリエは、１９６９年にノーマライゼーションを「彼ら（知的障がい者）が暮らす社会で主流となっている、毎日の生活条件に近い環境で暮らすことができるようになること」と改めて定義し、当然保障されるべき権利を具体的に示しました。このノーマライゼーションの理念は大きく広がり、1971年12月には国連総会で「知的障害者の権利宣言」が、4年後の1975年には、対象をすべての障がい者に広げた「障害者の権利宣言」が採択されています。さらに1981年には障がい者の「完全参加と平等」をテーマとして「国際障害者年」が定められました。ノーマライゼーションこそ、現在に続く障がい者福祉政策のすべての基礎となった理念です。

困窮者の救済からスタートした日本の社会福祉

1980年代に入ると、日本にもノーマライゼーションの言葉が少しずつ紹介されるようになりました。

もともと日本の社会福祉は、第二次世界大戦後の混乱期という独特の社会状況のもとで始まり、目的は困窮者の救済でした。

1946年に戦地からの引き揚げ者や生活困窮者に対する支援の目的で「生活保護法」が制定され、翌年には戦争孤児や浮浪児対策として「児童福祉法」が、さらに1949年には傷痍軍人対策として「身体障害者福祉法」が制定されました。終戦直後の混乱から抜け出したのちの1960年には、知的障がい者を支援する法律として「精神薄弱者福祉法（現在は知的障害者福祉法）」が制定され、1963年には増加が予想される高齢者への対策として「老人福祉法」、そして翌年には、戦争で夫を亡くした女性と離婚後の母子の生活を支援する目的で「母子福祉法（現在は、母子及び父子並びに寡婦福祉法）」の三法が相次いで制定され、先の終戦間もなくの三法と合わせ「福祉六法」として、これが現在に至る日本の社会福祉の起点となったのです。いよいよ日本でも本格的な社会福祉の道が拓かれ、その大きな特徴は、国による救済と保護という支援措置でした。それは欧米のノーマライゼーションが、支援を必要とする当事者や家族が市民としての当たり前の権利をベースに要求し、実現したものとは異なったものでした。日本の福祉サービスはそのスタートから、あくまでも国や自治体が主体となって行う措置行政として提供されたものだったのです。

措置権者としての国や自治体は、サービスを提供する対象者を厳格に選んだうえで、設備や人員配置・サービス基準を満たす社会福祉法人に業務を託し、措置費を払うという形を取りました。措置処分ですから、誰がサービスを受けることができるかは国が決めるものであり、また、サービスの受給者は受けたいサービスの内容を選ぶことはできず、割り当てられたものを黙って受け取るだけでした。措置を実行する社会福祉法人も、あらかじめ決められたサービスをそのとおりに提供することだけが仕事です。

措置費が税金である以上、国や自治体は納税者の誰に対しても説明できる明確な基準をもたなければなりません。それは当然のことです。しかしそのために、1項目でも、あるいは点数にして1点でも基準に満たないものがあれば、その人は措置の対象者にはなりません。そのため救済されるべきでありながら対象から漏れてしまう人が出ざるを得ませんでした。

またサービス業務を担う社会福祉法人は、最低基準さえ満たせば事業を行ったことになり、利用者の数だけの措置費を収入として得ることができました。国が定めた最低基準をそれ以上のものにしようという意欲は生まれにくいのです。その結果「最低基準」でありながら、いつの間にかそれが「標準的な基準」となりました。例えばですが「入所施設の入浴は少なくとも5日に1回以上」と最低基準が定められていたら、それをあえて「3日に1回」とする積極的な理由はないのです。どちらであっても同じ措置費が国から支払われるなら、安くすむほうを選び、事業の安定を図ろうとすることは避けられません。国の措置の代行というスタイルそのものに、サービスを低くとどめる理由が潜んでいました。

とても自立できない障害年金

「救済」が目的ですから、障がい者に支払われる年金額も、障がい者が一人の人間として生活する権利を保障するというものではありません。国が支給できる範囲内で援助するという趣旨であり国の財政事情によって一方的に決められたものになっています。

いうまでもなく、障がい者も一人の人間としての権利をもって社会を構成する一員であり、憲法によって基本的人権や幸福追求権、法の下の平等、生存権を保障された存在です。そのためにさまざまな社会制度も設計されています。しかし、障がい者が受け取ることができる「障害年金」は、１級障害（人の介助を受けなければ日常生活のほとんどのことができず、活動の範囲がベッドまたは寝室の周辺に限られるような人）の場合で月額約８万１０００円、２級障害（日常生活が極めて困難で労働によって収入を得ることができないような人）で、月額約６万４８００円です（２０２３年４月現在での概算）。

生活の困難さに比べて支給される年金額の低さは際立っています。同じように憲法の生存権を根拠に支給される生活保護費と比べても、その低さは明らかです。生活保護費の具体的な支給金額は自治体により、また家族の状況などによって異なりますが、例えば私の地元、栃木県小山市に１人で住む20代の人なら、概算で生活扶助として約７万円、住宅扶助として約３万円、合計で約10万円の生活保護費が支給されます。働くことはおろか１人では日常生活もままならない障がい者に対して支給される年金額に比べて生活保護費のほうが高額なのです。

障害年金は到底１人の人間が生きていくことができるものではありません。にもかかわらず、その金額に設定されているのは、あらかじめ家族による援助が前提になっているからです。

「措置」から「契約」へ。福祉政策の大転換

限られた人に対する救済措置ではなく、さまざまな福祉のニーズに応える福祉社会をつくっていかなければならないという機運が日本で生まれたのは、国際社会からは20年以上遅れた1990年代の終わり頃でした。

1998年には、中央社会福祉審議会の分科会から「社会福祉基礎構造改革について（中間まとめ）」が出されました。文字どおり、社会福祉の基礎構造そのものを根本的に見直そうという取り組みです。これが大きな転換点となり2000年には「社会福祉の増進のための社会福祉事業法等の一部を改正する等の法律（社会福祉法）」が成立し、社会福祉事業法、身体障害者福祉法、知的障害者福祉法など社会福祉関連の、当時の八法すべて

が改正され、戦後の社会福祉政策の大転換が図られたのです。

中間まとめは「今日の制度は、戦後間もない時期において、戦争被災者、引き揚げ者などが急増する中で、生活困窮者対策を中心として出発し、その後の経済成長とともに発展を遂げてきた」ものであり「少子・高齢化の進展、家庭機能の変化、障害者の自立と社会参加の進展に伴い、社会福祉制度についても、かつてのような限られた者の保護・救済にとどまらず、国民全体を対象として、その生活の安定を支える役割を果たしていくことが期待されている」という認識を示したうえで「これからの社会福祉の目的は、従来のような限られた者の保護・救済にとどまらず、国民全体を対象として、社会連帯の考え方に立った支援を行い、個人が人としての尊厳をもって、家庭や地域の中で、障害の有無や年齢にかかわらず、その人らしい安心のある生活が送れるよう自立を支援することにある」としました。

そして「個人が尊厳を持ってその人らしい生活を送れるよう支援するという社会福祉の理念に対応し、サービスの利用者と提供者との間に対等な関係を確立する利用者本位の考え方に立って、利用者を一人の人間としてとらえ（中略）必要となる保健・医療・福祉の総合的なサービスが、教育、就労、住宅、交通などの生活関連分野とも連携を図りつつ、効率的に提供される体制を利用者の最も身近な地域において構築すること」を目指すべきだと明らかにしました。具体的には「福祉サービスを提供する事業者と利用者を対等な立場に位置づけ、利用者の選択と契約によるサービス利用を原則とし、福祉サービスの多くを措置制度から契約制度へと移行すること」にしたのです。

措置制度のもとでは利用者は受けたいサービスを選ぶことができませんでした。しかし契約制度であれば、利用者主体で自分に合ったものを選択することができます。さらに社会福祉法には福祉関係の法律として初めて「地域福祉」という用語が使われ「地域住民が相互に人格と個性を尊重し合いながら、参加し、共生する地域社会の実現を目指すべきこと」が明記されました。

すばらしい提言であったと思います。２０００年は日本の戦後福祉政策の大転換の年となったのです。しかし、それから20年余りが過ぎた今も、この提言に謳われた地域共生社会をつくることはできていません。

政策は変わっても根強く残る差別感情

措置が契約に変わり、「対等な関係を基礎とした共生する地域社会の構築」という新たな理念は掲げられたものの、それは十分に実現しているとはいえないのです。

例えば国は新たな福祉政策のもと、２０１３年に障害者総合支援法を定めました。その基本理念は「障害者も他の国民同様に個人として尊重され、障害の有無に関係なく相互に人格と個性を尊重し合える共生社会を実現すること」とされ、グループホームを都市の住宅地に建設することが推奨されました。そして２０１６年に制定された障害者差別解消法の付帯決議によって「国及び地方公共団体において、グループホームやケアホーム等を含む、障害者関連施設の認可等に際して周辺住民の同意を求めないことを徹底する」ことが明文化されたのです。

ところが、このグループホームに対して激しい反対運動が全国各地で起きていることが示すように、障害者総合支援法が掲げる共生社会の理念やそれを具体化したグループホームの施策がいかにすばらしくても、近隣住民の本音、社会の本音は変わっておらず、大きな抵抗に遭っています。

行政による措置の時代が長く続いた日本では、障がい者の救済や支援は国の仕事という感覚が定着してしまい、加えて日本には障がい者をあたかも不完全な人間であるかのように見る差別的な意識が根強くあります。一昔前なら「家の恥」と切り捨て、「そういう子どもを産んだ母親が悪い」と母親を責めたり、障がい児の存在を隠そうとしたりすることもあったほどです。

本来は優しい心をもち、仮に人から迷惑や不快を感じても「お互いさま」と相手を気遣うことができる日本人ですが、一方で「家」や「家族」のことになると「世間体」を過剰に意識し、障がいを恥と考え、マイナスにしか受け止められません。

しかも「建前と本音」を使い分ける日本人は「差別はいけない」と語る一方で、内面には差別的な意識を残してしまいます。立派な建前があるだけに心の底の差別意識が温存されてしまっているといえるのです。海に囲まれ、大陸とは隔絶した穏やかな土地で同質の人間ばかりで暮らしてきた私たちが、自分とは異なる存在に本能的に恐れを抱いてしまうのはやむを得ない面もあると思いますが、その本能に身を任せていては人としての学びも成長もなく心豊かな社会は生まれません。

措置時代が長かった日本、そして建前だけで「脱差別」を語ってきた日本は、権利としてのすべての人間の平等という世界観とそれをすみずみにまで貫いた社会をつくるということからは、まだ遠いところにいるのではないかと思います。

生産性で社会を語る風潮

２０２３年の春、日本のある若い経済学者が現在の日本の少子高齢化問題について触れ「唯一の解決策ははっきりしている。高齢者の集団自決、集団切腹みたいなのしかないんじゃないか」と発言して大きな話題になりました。

それ以前にも要職にある政治家が、いわゆる性的マイノリティーのカップルを取り上げ、論文で「生産性がない」と記していたことが明らかにされました。「自己責任」ばかりが強調されるという社会的な風潮もあります。

高齢者にせよ、ＬＧＢＴＱにせよ、あるいは障がい者にせよ、ともに社会を構成する誰彼を取り上げて、必要か不要かを論じるということに、恐ろしいものを感じます。しかもその視点は、生産性という言葉にいみじくも表れているように、ただ経済性でしかないのです。富める者、稼ぐ企業がいちばんで、それが最も都合よく動ける社会にしようとするのは、結局は社会を衰退させるものになります。「この人はいらない」「この集団は不要だ」と排除を重ねていく社会に成長も成熟もありません。多様な人々がお互いを認め合い、弱い者がいればそれを包み込み、手を差し伸べて一緒に歩んでいく社会こそ、たおやかで強く、そして魅力のあるものではないかと思います。そういう社会にこそ、多くの学びや成長、喜びがあると思います。その意味では、障がい者や生活困窮者、高齢者、子どもなど、さまざまな生活課題や福祉ニーズをもつ人々の生活を24時間３６５日、休むことなく支えることを使命とする社会福祉法人の役割は非常に大きなものです。

社会福祉法人も変わらなければならない

措置の時代が長く続くなか、国が決めた最低基準を満たし利用者の数さえ確保すれば、自動的に運営が保証されたという環境のもとで、私たち社会福祉法人にもどこかに甘えがあったと思います。もちろん大多数の社会福祉法人が収益などは度外視し、時には私財をなげうって障がい者のために懸命に事業活動を続けてきたことは間違いありません。しかしグループホームへの反対の背景には、社会福祉法人の活動を通して支援を必要とする人々の権利擁護や支援の必要性、共生を通じた豊かな地域社会の創造について、十分な役割を果たせていなかった面があるのではないかと思います。

社会福祉法人は1951年の社会福祉事業法（現・社会福祉法）で社会福祉事業を目的とする公共性の高い法人として定められ、税制上の優遇措置も受けながら、長年にわたり措置行政の一端を担ってきました。

しかし措置代行という業務に満足し、立場と収入を保証されながら業務を続けるなか、経営の透明性や経営努力が失われ、一部ではサービスの質の低下や、多くの内部留保をもっていることについて批判の声も上がり、２０００年の社会福祉法制定で日本の福祉政策が大きく転換したあとも、社会福祉サービスを担う社会福祉法人については大きな改革は行われないままでした。その見直しが進んだのは、社会福祉法制定の16年後となる２０１６年のことです。ようやく社会福祉法の改正が行われ、社会福祉法人制度に関する大きな制度改革が進むことになりました。

改正社会福祉法では「公益性・非営利性を確保する観点から、制度を見直し、国民に対する説明責任を果たし、地域社会に貢献する法人のあり方を徹底する」ことが目的として明記され、具体的には「経営組織のガバナンスの強化」「事業運営の透明性の向上」「財務規律の強化」、そして「地域における公益的な取り組みを実施する責務」を確保することが求められました。

理事会の権限や役割の強化、評議員会の設置を任意から必須のものとして理事・理事長への牽制機能を高めたこと、さらに定款や役員報酬のインターネット上での公開を求めるといった組織や経営の改善と並んで、地域における公益的な取り組みが責務として新たに加えられたことは、たいへん大きな意味をもつものだったと思います。

改正社会福祉法は「社会福祉法人の本旨に従い、他の主体では困難な福祉ニーズへの対応」を求めました。どういうサービスを展開すべきか、具体的に内容が指示されたのではありませんが「その地域において少子高齢化や人口減少などを踏まえたニーズを把握して無料または低額な料金で提供するものであり、高齢者が安心して暮らせる環境の整備、障がい者の就労促進、子育てママの孤立感の解消、生活困窮者の自立促進、地域で孤立する住民の孤独感の解消や住民相互の支え合いの場の創出といったことが考えられる」とされたのです。2000年の社会福祉政策の大転換を受けて、それにふさわしい社会福祉法人像が「地域のニーズ」に応えるべきものとしてようやく明確化されました。

しかし、社会福祉法人が運営する施設で、利用者に対する虐待の事実が明らかにされたり、新たな契約制度のもとで社会福祉事業に参入した事業法人が、経営の効率化や収益の安定を求めたりするあまり、利用者を自社のサービスに合わせて細かく絞り込むということも行われています。そのため、サービスが受けられない障がい者が新たに生まれるということも起きているのです。日本の社会福祉は終戦以来続いた「措置」の時代から新たな「契約」の時代に入りながら、なお大きな課題を抱えているといわざるを得ません。ただし、方向は見えているのです。「地域住民が相互に人格と個性を尊重し合いながら、参加し、共生する地域社会の実現」こそ、私たちの願いであり、変わることのない目標です。

私が35年にわたる教員生活を終え、新たに社会福祉法人を設立して知的障がい者のための施設をつくろうと考えて具体的に動き始めたのは、1995年以降のことでした。まさに「措置から契約へ」という日本の社会福祉政策の大きな転換が検討され、それに伴う社会福祉法人そのものの改革が進もうとしていたときで、私自身「今までのやり方ではいけない。地域に溶け込みながら新しい挑戦をしなければいけない」と考えていました。障がい者の人権を最大限に尊重し、ニーズをしっかりととらえ、契約の時代の社会福祉法人として、「あの施設が良い」「あそこに入りたい」と利用者（障がい者）や保護者に選んでもらえる施設をつくらなければいけない時期だったのです。

契約時代の始まりと同時にスタートを切ったということは、私にとって幸運だったと思います。利用者の心からの笑顔のために何が求められているのか、それを必死に考え提供し続けなければ選んでもらえないからです。「措置時代の社会福祉法人には経営はなく、運営しかなかった」ともいわれます。ニーズに応える真剣勝負の事業経営が求められる時代に入ったのです。

１９９８年の社会福祉法人パステルの設立を出発点に、当初は翌年に開設した通所授産施設「セルプ花」１カ所のスタートでしたが、出発から25年を経た現在では、多機能型事業所６カ所、障がい者支援施設１カ所、居宅介護事業所１カ所、共同生活援助事業所（グループホーム）15カ所、相談支援センター５カ所、障がい児通所支援事業所２カ所など、合計31の事業所を運営するまでになりました。利用者も、最初の30人から事業所合計で約７２０人になり、スタッフも２４０人を数えるまでになりました。地域のなかで利用者とともに本格的なイタリアンレストランも経営、地域交流センターやギャラリーも運営しています。セルプ花の利用者の月平均工賃は一人あたり約６万５０００円となり、全国平均

１万６５００円の約４倍になっています。

新たな契約の時代の始まりとともに地域に飛び込み、地域とともに歩いてきた私の歩みには、もちろん多くの試行錯誤があり、多くの方の支援もいただきました。しかし共生社会を実現していくため、これから社会福祉法人を運営しようとする方々に参考にしていただける一つの経営の試みではないかと思います。

第1章

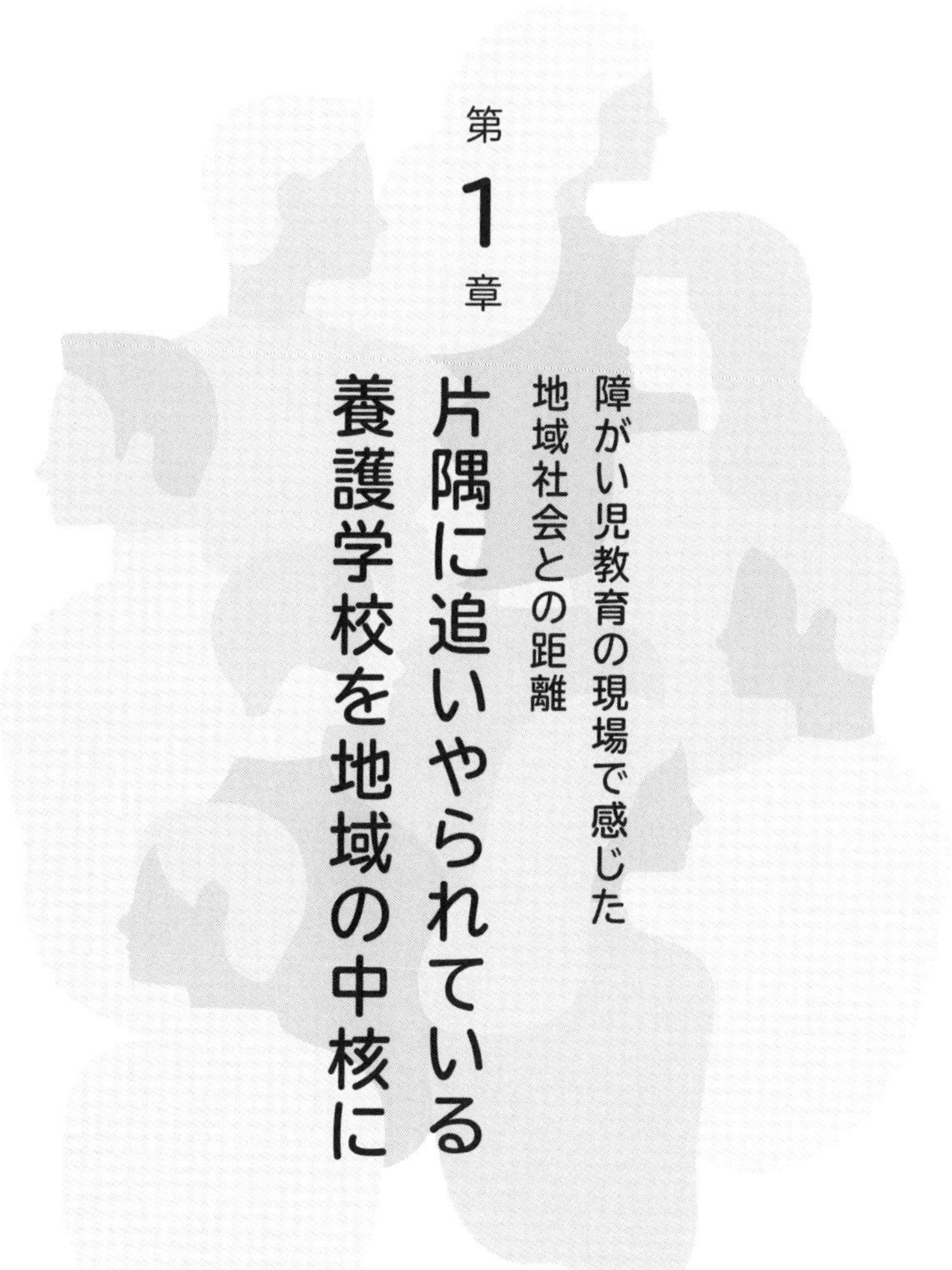

障がい児教育の現場で感じた
地域社会との距離

片隅に追いやられている養護学校を地域の中核に

障がいのある子どもをサポートしたい

地域に根ざし、地域になくてはならない存在になることを目指してスタートした社会福祉法人パステルは１９９８年の設立です。設立前、約35年間にわたって知的障がい児の教育に携わるなかで、私は新しい社会福祉法人のイメージを膨らませてきました。大学卒業後から定年までを過ごした教育の世界で知的障がいのある子どもたちや保護者とともに歩むなかで、学び、考えたことが社会福祉法人の立ち上げ後、現在まで25年にわたって経営する力をくれた大切な準備期間になりました。この期間がなければ、パステル設立は思いつかなかったし、新たな施設をどういうものにするかというイメージも浮かばなかったはずです。養護学校における教員としての、さらには教頭や校長としての仕事の一つひとつが、やがてつくる施設はぜひこういうものであるべきだという理想像やさまざまなアイデアの源泉になっていました。

私が知的障がい児の教育に携わりたいと思うようになったのは中学生の頃です。

当時クラスに知的障がいのある級友がいました。休み時間になってクラスメートが校庭を駆け回ったり、教室でいくつもの輪をつくってにぎやかにおしゃべりをしたりしているときも、席を立つこともなくぽつんと寂しそうにしていました。その姿がとても気になり、時々話し掛けたりして、少し言葉が返ってきたり、表情が和んだりすると、とてもうれしかったことを覚えています。といっても、いつもそばにいたというわけではありません。私は普通の中学生らしく、休み時間は自分の友達とにぎやかに遊ぶことがほとんどでした。やがて中学を卒業してからは、もう会うこともなかったのですが、一人取り残されたように椅子に座っていた姿を思い出すたびに、もっと話せば良かった、そうしたらもっと笑顔が見られたに違いない、あの級友も私が声を掛けるのを楽しみに待っていたのではないか、どうしてもっと話をしなかったのだろう……悔やむ気持ちを抑えることができませんでした。いつか自分が知的障がい児の教育に携わり、心を通わせ笑顔を引き出すことができたらどんなにいいだろうかとも思いました。

高校に入ってから読んだシュバイツァーの伝記や著書にも大きな影響を受けました。アフリカでの献身的な医療活動や懸命にお金を工面しながらの病院建設、そしてすべての生命を尊重し慕うという独自の哲学、「私たちは何かを得ることによって生活しているが、人生は与えることによって豊かになる」「世界中のどこであろうと、振り返ればあなたを必要とする人がいる」という言葉にも感銘を受けました。高校卒業後の進路を考えるときは、ぜひ大学で社会福祉を学び、将来は障がい児教育の仕事に就こうと決めていたのです。

すると偶然にも、私の高校卒業と時を同じくして、日本社会事業大学社会福祉学部が新設の単科大学としてスタートすることになったのです。私はその情報を耳にしたとき、すぐに入学を決めました。この大学は私学の形式を取りながら財源の大部分を国費で賄うという日本で唯一の大学で、文部省（現・文部科学省）ではなく厚生省（現・厚生労働省）が所管し、社会福祉のエキスパートを新たに育てる目的で開学されたものでした。戦後の日本は、まず行政分野における専門従事者を育てることから始めなければならなかったのです。

そのため集まった学生のほとんどが福祉を総合的に学び、公務員として福祉行政の世界に進んでいきました。しかし私は行政の世界に進むつもりはなく、最初の決心どおりに児童福祉を学び、そこから教育の世界に入りました。

中学の特殊学級の担任に

入学当初から知的障がい児の教育に携わりたいという希望をもっていた私は、大学を卒業した年の１９６２年、出身地である栃木県公立中学の教員として赴任しました。まずは一般の教員としての仕事を知るために中学校の普通学級の教員になり、２校目の勤務先となった栃木県小山市の中学校の３年目に、特殊学級（現在の呼称は特別支援学級）ができると聞き、希望して担任になりました。１９６５年のことです。当時の栃木県小山市の教育長坂本重造氏は、特殊教育に熱意を込めて小山市・石橋町（現・下野市）・野木町の１市２町を一つのブロックとして組織し、スポーツ大会・夏のキャンプ・秋の作品展や学習発表会などの合同行事を開催しました。就労にも力を入れており、私は進路指導を担当しました。地域の企業との連携を図り就労連携会議を定期的に開催し、就労した卒業生の状況確認を兼ねた交流会などを開催しました。これらの実践は、文部省の研究発表として全国へ発信しました。

その後、坂本氏は退職と同時に特殊学級の卒業生の進路先として小規模作業場を開設し、自ら所長として経営に当たりました。現在パステル経営の「フロンティアおやま」は、坂本氏の経営していた作業所を継承しているものです。私にとって大きな人生の指針となりました。

特殊学級というのは、比較的障がいの軽い子どもの教育のために小学校や中学校に併設されるクラスのことで、1960年代に入ってから設置の動きが大きく広がりました。

知的障がい児の教育には2つの道があります。1つはこの特殊学級で行うもの、もう1つは専門の養護学校で行うものです。戦後間もない1946年11月に日本国憲法が公布され、すべての国民に教育を受ける権利が保障されました。子どもについても、新憲法のもとで制定された学校教育法により、障がいのある子どもを含めて誰もが等しく教育を受ける権利をもつことが明記され、そのために盲・聾・養護学校の設置が定められ、既存の学校に併設する特殊学級についても設置できるものとされたのです。

ところが戦前からの歴史がある盲・聾学校に比べて、知的障がい児の受け入れ先となる養護学校の設立はまったく進みませんでした。そのような既存の学校がほとんど存在していなかったこと、また専門教員が大幅に不足していたことなどから、国はまず取り組みやすい盲・聾学校の設立を先行させたといわれています。この分野は対象となる子どもの教育にすでに一定の実績があり、専門教員の養成や教育方法の開発も進んでいたからです。それに比べて、知的障がい児の教育は大幅に立ち後れていました。国は盲・聾・養護学校の設置を学校教育法で定めながら、法律の施行日を定めないという形で設置の責任をあいまいにしていたのです。

さらに国は法律上の整合性を取るために重度の知的障がい児に対しては「就学免除・就学猶予」の措置を取りました。養護学校の設立が難しく、開校ができない状態にあることを正当化するかのように、学校には行かなくてもよいということにしてしまったのです。そのため就学したいという声も上げにくい状況となり、事実上、比較的重い知的障がいのある児童は就学権を奪われる状態になってしまいました。先に知的障がい児が教育を受ける機会は、特殊学級と養護学校の2つと書きましたが、養護学校の開校は遅れていたので、事実上特殊学級に入るか、障がい児の入所施設に入るか、家庭で過ごすしかなかったのです。

普通学級との交流を重ねる

私が受けもった特殊学級のクラスは生徒が8人でした。クラスの中ではこの8人だけの世界なのですが、普通学級が大半を占める学校の中ではいつも「普通」を意識せざるを得ませんでした。常に外の「普通」の世界に接し、比べられ、特別視される存在だったのです。生徒自身も常に自分たちがどう見られているのかを強く意識せざるを得ません。もともと障がい児は周囲の目に敏感です。自分たちは人と違う存在であり、特別な目で見られている、そして社会や学校という普通の世界から見れば、自分たちは「困る存在」であり「一緒になりたくない存在」であると思われていることを感じ取っています。しかしこのように溝ができてしまっては、なんのために普通学級と併存しているのか分かりません。私は普通学級と特殊学級が切り離されるのがいちばんいけないことだと思い、可能な限り普通学級との交流を考え、学校の中にこんなにすばらしい子がいるのだということを、さまざまな機会をとらえて発信していきました。また担任の私自身も普通学級の先生方と対等の存在であり、その仲間の一人であることを自分のクラスの生徒に見せることも欠かせないと思っていました。私が孤立した存在に見えたら、生徒たちも孤立を感じてしまうからです。

体育や音楽、家庭科といった授業は、普通学級の先生に頼んで、私のクラスの生徒も一緒に受けさせてもらいました。また私のクラスの体育や音楽の授業を、普通学級の先生に頼んで出張してやってもらい、校内のバレーボール大会やマラソン大会にも積極的に参加し、クラブ活動も生徒の好きなものがあれば、先生にお願いしてメンバーに加えてもらいました。できる限り同じ世界にいるものとして振る舞ったのです。

ほかにも、特殊学級としてお弁当づくりをしました。土曜日は給食がありませんから、出勤している先生はお昼を自分で賄わなければならず面倒です。そこで出勤している先生向けにお弁当をつくって販売することにしたのです。先生方に役立つことをして、コミュニケーションを取ることが狙いでした。

まずメニューを決め、職員室に行って注文をもらいます。つくる数がはっきりしたところで必要な食材を買い出しに行き、校内の設備を使って調理してお弁当を仕上げ、先生に届けお金を受け取ります。もちろん生徒だけでは力が足りませんから、そこは私が応援し、それぞれができる範囲のことを分担して進めました。野菜を洗ったり切ったり、下ごしらえをしたり、少しずつステップを踏みながらいろいろなことを覚えていきます。新しく覚えたことは家に帰ってからの家事の手伝いにもつながりました。

普通学級とのさまざまな交流や全校イベントへの積極的な参加、そしてお弁当づくりなどは、特殊学級が好奇の目で見られたり、特別な存在として交流が閉ざされたりしないように、という考えから進めたことです。そのうえで特殊学級の生徒が自分の得意なことや好きなことを見つけ、それを通して自信をもって生きていけるようにと考えていました。

また当時は特殊学級の創設が県内外の各校でも積極的に進められていたので、特殊学級の先生だけで集まって交流会や勉強会を行いました。当時は義務教育のなかにおける知的障がい児教育の黎明期でもあり、私たち教員も試行錯誤を重ねて積極的に情報交流や意見交換を進めました。

そのほか、生徒を引き連れてソフトボール大会やキャンプを実施したり、そのなかでのイベントとして歌を歌ったり演劇をしたりするなどさまざまな取り組みや交流を進めました。最初はステージの後ろのほうで小さな声しか出せなかった生徒が徐々に大きな声を出せるようになり、自信をもって舞台の前のほうに出てくることができるようになったのです。こうした変化を目の当たりにするのは、知的障がい児教育の大きなやりがいに通じるものです。ステージに立った経験が生徒の毎日の生活にも良い影響を及ぼし、家でも大きな声が出せるようになったと保護者から聞くこともありました。どうすれば知的障がいのある、コミュニケーションの難しい子どもたちが自分を表現する意欲と方法を手に入れることができるのか、毎日のように新たな発見がありました。

常に「普通」と比較される特殊学級

特殊学級の教員として知的障がい児の教育に携わりながら、私は子どもたちそれぞれがすばらしい個性をもった一人の人間として認められ、自尊心をもって生きていけるようにしなければならないと思っていました。そのためには学校全体が特殊教育を大切にして、特殊学級の子どもたちが安心して楽しく学校生活を送れるようにしなければなりません。若い新人の担任でしたが思い切ったチャレンジも重ねました。

しかしそのなかで、特殊学級の運営の難しさに改めて気づかされたことも少なくありません。普通学級と併存していることが、特殊学級の良い面であると同時に難しさを招いてしまうのです。「普通と隣り合わせ」という環境は、油断をすると生徒を追い詰めるものになりかねないからです。

子どもたちがすぐ身近にある健常者の世界に不安を感じていないか、傷つけられたり、自信を失ってうつむいたりしてしまうようなことはないかと常に気を配り、万一そのような様子が見えたら「そんなことはない。そのままでいいんだよ」と励まし続けなければなりません。

生徒だけではありません。実は保護者のなかにも、自分の子どもの障がいに気づいてネガティブな意識をもってしまっている人がいます。日本の社会や人々の心のなかに根強く残る差別的な意識、その表現として社会から投げつけられる冷ややかな眼差しの結果なのだと思います。保護者自身が自分の子どもをありのままに受け入れられないのです。

自分の子どもに知的障がいがあると認めたくない、悟られたくない、そのため特殊学級にはできるだけ行かせたくないし、行ったとしても限りなく普通学級に近い扱いであってほしいと考え、子どもには背伸びすることを求めてしまいます。

結局、知的障がい児の教育の場として、特殊学級の数を増やすことが追求されながらも、社会に根強く残る差別や偏見を背景に運営は難しく、新米教員としての私も、その狭間で悩まざるを得なかったのです。

特殊学級から新設養護学校へ

特殊学級での教育がさまざまな問題に直面する一方で、教育界は、義務化の例外とすることで棚上げにしてきた重度の知的障がい児のための養護学校の開設を改めて推進すべきではないかと考えるようになりました。そのきっかけとなったのが1971年6月に出された「今後における学校教育の総合的な拡充整備のための基本的施策について」と題する中央教育審議会の答申でした。

その一項目として「特殊教育の積極的な拡充整備」が取り上げられ、次のような問題提起が行われたのです。

答申によると、「すべての国民にひとしく能力に応ずる教育の機会を保障することは国の重要な任務であって、通常の学校教育の指導方法や就学形態には適応できないさまざまな心身の障害をもつ者に対し、それにふさわしい特殊教育の機会を確保するため、国は、次のような施策の実現について、すみやかに行政上、財政上の措置を講ずる必要がある」としたうえで「（1）これまで延期されてきた養護学校における義務教育を実施に移すとともに、市町村に対して必要な収容力をもつ精神薄弱児のための特殊学級を設置する義務を課すること。（2）療養などにより通学困難な児童・生徒に対して教員の派遣による教育を普及するなど、心身障害児のさまざまな状況に応じて教育形態の多様化をはかること。（3）重度の重複障害児のための施設を設置するなど、特殊教育施設の整備充実について国がいっそう積極的な役割をになうこと。（4）心身障害児の早期発見と早期の教育・訓練、義務教育以後の教育の充実、特殊教育と医療・保護・社会的自立のための施策との緊密な連携など、心身障害児の処遇の改善をはかること」を求めたのです。

これを受けて国は、2年後の1973年に「1979年4月1日に養護学校の義務制を施行する」と定めました。前に触れたように、1947年に制定した学校教育法では、都道府県に対して盲・聾学校とともに養護学校の設置を義務づけながら法律の施行日を定めないという形で事実上設置義務を免除していたのです。それを撤回し、改めて日時を区切る形で養護学校の設置を都道府県に義務づけました。知的障がい児の就学権がようやく保障されることになったのです。

私が教員をしていた栃木県は計画設置すべき特殊学級数の充足率の高い県でしたが、養護学校の設立にもいち早く取り組み、1974年、義務化の施行を待つことなく栃木県立栃木養護学校（現・栃木県立栃木特別支援学校）を開校しました。その計画を耳にした私は、異動を願い出て開校と同時に養護学校教員という新しい仕事に就くことになりました。当時の私の気持ちは、常に「普通」であることとの比較や「普通並み」であることを意識して背伸びを求められる教育ではなく、一人ひとりの知的障がい児としっかりと向き合い、それぞれにとっての成長を保護者とともに考えていく仕事がしたいというものです。そしてこの養護学校での経験のなかから、社会福祉法人を設立し、自分なりの障がい者の支援施設をつくろうという構想が生まれました。地域に根ざし地域とともに歩む私なりの社会福祉法人のイメージが少しずつ明確なものになっていったのです。

常に本気で、100%で向き合う

養護学校（現在の呼称は特別支援学校）は学校教育法で「視覚障害者、聴覚障害者、知的障害者、肢体不自由者又は病弱者（身体虚弱者を含む）の幼児児童生徒に対して、幼稚園、小学校、中学校又は高等学校に準ずる教育を施すとともに、障害による学習上又は生活上の困難を克服し自立を図るために必要な知識技能を授けることを目的とする学校」と定められています。特殊学級が比較的軽度の知的障がい児を対象としたものであるのに対して、それよりは重い知的障がいのある子どもが入学しますが、なかにはまったく言葉が喋れない子どももいます。

私は小学部6年生の担任となりました。学校に行けず障がい者施設に入らざるを得なかったわが子が家に戻ってくる、夢だったランドセルをもてる、こうして保護者にとっても喜びに満ちた新学期がスタートしました。私の受けもったクラスには就学免除となり福祉施設で過ごしてきた14歳の児童もいました。1年だけ小学部に在籍することで小学校の卒業証書をもらうことができました。

並んで歩くことができない、友達と過ごすことができない、といった子どもたちの状況を知った私たち職員は、毎日朝の会が終わったら校庭を並んで歩くことを実践しました。夏になっても冬になっても1年間は歩きました。こうして集団行動の基本を理解することができるようになるとともに友達と話をする楽しみも分かってきました。

こうした学校生活を過ごすうちに知的障がいのある子どもと向き合うことの厳しさも知りました。絶対嘘がつけない世界であり、常に本気で、100%で向き合い、正面からぶつかっていかなければなりません。たとえ言葉がなくても子どもたちは敏感で、言葉がない分、直感がすばらしいのです。健常者同士なら、聞いているふりをして聞き流したり、適当な言葉を探してきて相づちを打ったりすることができますが、知的障がい者を相手にそんなことはできません。

私が試されているのです。私自身も「正直に生きる自分・嘘をつかない自分」でないと障害児との対話はできないことに気づきました。

養護学校教員時代に内地留学生として東京学芸大学の山口薫教授のもとで学ぶこともできました。山口教授の文部省に対しての疑問をきっかけに、「精神薄弱」という名称から現在の「知的障害」という名称になりました。また、大学の研究室には自閉症を研究している中野良顕教授もいました。自閉症という概念が明らかになっていない時代でした。米カリフォルニア大学（ＵＣＬＡ）ロサンゼルス校のロバース博士のもと医学的視点もほんの少し見え始めた頃でした。また、寺山千代子先生からは、事例報告の方法や論文の書き方を教えていただきました。現在も日本自閉症スペクトラム学会を通して学んでいます。

その後、国立宇都宮大学付属養護学校の教諭として着任、また栃木県立総合教育センター特殊教育部長として、研修会開催や事例研究会開催など教員の研修の役割に貢献することができました。最後の職場となった足利中央特別支援学校においては、研究発表校として公開発表を行いました。国の取り組みの「地域と学校の連携・協議」の方針による「社会に開かれた学校」の研究発表でした。当時は土曜日も授業日でした。そこで、土曜日は地域の社会福祉協議会の皆さんと盆踊りを行ったり、太鼓演奏を行ったりと地域の人々とともに活動を展開しました。地域の人々の障がい児の学校での様子を見たいという意見から、初めて養護学校を見学してもらいました。

「訪問学級」と呼ばれるクラスの担当教員を務めた時期もありました。

家庭や病院、施設などで生活している知的障がい児のもとに、学校が教員を派遣し、個別に学習を進めるという制度です。この制度の具体化によりわが国の就学免除の児童生徒は全国数十人となりました。私は4年間、訪問学級を担当しました。障がいが重い子どもたちを対象に、ベッドサイドで2時間くらいその子どもに合った勉強をしたり、音楽を聴かせたり絵を見せたりしながら、表情の変化を引き出すようなことを追求していきます。時には車椅子を使って外を一緒に散歩しました。

散歩では忘れられない思い出があります。重度の知的障がいがあり、本や音楽などへの反応もなく、まったく表情のない子どもでした。あるとき、近くの公園まで車椅子で散歩に出掛けました。秋も深まった頃で、大きなケヤキの木の葉が風に舞い、園路にたくさん落ちています。車椅子でその葉を踏んだときでした。その子が突然笑ったのです。まさかと思いながらもう一度車椅子でケヤキの落ち葉を踏むと、やはり声を立てて笑いました。車輪の下で葉がガサガサと音を立てるのが面白かったのです。

私は打ちのめされた思いでした。笑う表情を引き出そうといろいろなことをベッド上で試してきたのですが、それまで成果はなに一つなかったのです。ところが車椅子で落ち葉を踏むだけで、心から楽しそうに笑ってくれるのです。私はこれまでいったい何をしてきたのだろうと、自分の至らなさを思わずにはいられませんでした。同時に、自然の力はこれほど強いのだと気づかされ、私がやるべきことは、小手先の工夫ではなく、子どもたちが自分で何かを感じ取り表現できる環境を提供することなのだと思いました。それが知的障がい児の心を開き、人間形成の大きな力になるのです。自然に触れる機会に溢れた施設であること――ここでも私は将来の施設のヒントを得ていました。

卒業しても社会に入っていけない障がい児たち

養護学校高等部の教員として、また訪問学級の担当教員として、そして教員の研修機関である教育センターでの勤務、さらに教頭や学校長といった管理職も経験するなど、養護学校の勤務は24年に及びました。知的障がい児に向き合い心を通わせること、保護者の願いを聞き、解決策を考えること、そして教員の悩みに耳を傾け、成長を実現すること――一つひとつの仕事が、障がい者、保護者、教員と、相手の立場は異なりながらも一生懸命に生きる人を前にした真剣勝負であり、私に多くのことを教え、人生観を築いてくれたのです。そして同時に、学校の中だけでは解決できないことが非常に多く、家庭や地域社会が変わり、そのなかで活動している社会福祉法人自身も変わっていかなければ、本当の意味で障がい者とともに歩む社会はできないと思いました。

私自身が教育現場の外に出て社会福祉法人を立ち上げ、施設を開設して知的障がい者の福祉施設を私なりに運営していきたいと考えるようになったのは、養護学校での教員生活が始まって間もなくの頃です。まだ30代半ばでお金もなく、仲間もいませんでしたから、夢物語でしかありませんでした。本当に実現したのは定年直前で、思い立ってから20年以上もあとのことになりましたが、どうしても必要だという考えは養護学校の教員生活のなかで強まる一方でした。

その大きな理由の一つは、せっかく養護学校で育った子どもたちが、卒業後に仕事がまったくなかったり、仕事を得ても1年、2年で辞めてしまい、家庭に引きこもったりしてしまうというケースが数多くあったことです。

私自身が卒業後の進路指導を受けもっていた時期もありますが、養護学校の卒業生に仕事はなかなかありません。簡単な物の組み立てや工場のライン作業などがあっても、それにはなじまない子どももいます。かといって全体を見渡したり状況に応じて判断が必要になったりするような仕事は荷が重くなってしまいます。仮に担える仕事があっても、毎日決まった時間に出勤するという、それまでまったく経験したことのない新しい生活は、本人の自覚と家族の協力がなければできません。これ自体がなかなか難しいことです。また、例えば会社でお菓子などをもらったときに一般の従業員のようにお礼を口にしたり、お返しを持っていったりといった気の使い方ができずに少しずつ孤立していくとか、自分より後輩のほうがどんどん成長していくのを見て落ち込み、仕事への意欲を失ってしまうというケースもありました。一度失敗して家に戻ってしまうと、次に社会に出るのは格段に難しくなります。かといって養護学校に戻ることもできません。一人ひとりの個性や適性にあった仕事や表現の場がなければ、卒業生の多くは社会に出ることができないのです。それは養護学校でも努力はしていましたがどうすることもできないことでした。

養護学校の限界

学校教育と家庭の教育は車の両輪のようなものです。そもそも学校教育は、子どもたちが朝、校門をくぐってから夕方校門をあとにするまでの、その時間内だけしか対話をすることができません。より長い時間を過ごす家庭生活は保護者の範囲ということになります。学校というのは、一般的にはそういう存在であり、それで十分役割を発揮します。しかし障がい者の教育は単に知識を学ぶというものではなく全人格的なものです。成長や発達は、常に生活全体から考えなければならず、学校で過ごす時間も、その一部としてどうあるべきかと考えていく必要があります。学校だけでいくら良い環境をと心掛けても、十分な成果は得られないのです。保護者とはできるだけコミュニケーションを取ったり、家庭での過ごし方についても一緒に考えたりする機会をもつようにしました。しかしすべての家庭とそのような関係をもつことはできません。

学校にいるときなら、障がい児本人も、自分の障がいを素直に出すことができます。周りにもそういう人間がたくさんいて、教員も職員もそれを当たり前のこととして受け入れて接する結果、本人のいいところもたくさん出てきます。ところが、家庭によっては障がい児がいることを恥ずかしいと思い、できるだけ隠したいと考えている場合があるので、家族がそう思ってしまったら、子どもはのびのびと育つことができません。いつも周囲を気にして、自分がどう見られているかを気にしながら生きることになってしまいます。親が世間体を気にして「すみません、この子は何もできないんです」と卑下してしまえば、子どもはその傍らでますます萎縮していきます。「何もできない」ように親が育ててしままうということもあるのです。学校にいる時間より家庭にいる時間が長く、外の社会と接する機会が少ない以上、子どもたちは家庭や親から大きな影響を受けざるを得ません。

知的障がいがあっても、自分を表現したいという気持ちは変わりません。言葉では表現できなくても、表情であったり、声であったり、仕草であったり、なんらかの方法で気持ちを伝えようとします。人間である以上、当たり前のことです。しかし「この子はだめなんです」という親のもとでは表現しようという意欲が生まれません。もともとの障がいが「一次障がい」であるとすれば、外からつくられる「二次障がい」もあるのです。障がいがあっても、それを恥じることなく素直に表現できると分かれば、私はこれができない、これしかできないということを素直に表現できるようになります。自分はありのままで世の中に受け入れられると感じながら堂々と生きていくことができ、そのなかで人格形成ができるのです。

知的障がい者がのびのびと成長していける環境は、養護学校という教育の場だけでつくれるものではありませんでした。保護者も、そこで暮らしている地域社会も変わらなければならないのです。それが伴わなければ、いくら養護学校内で「そのままでいいんだよ」

と伝えても、家や職場や地域のなかで孤立してしまいます。学校教育の枠を飛び越え、障がい者が本当に社会のなかで自立して生きていけるようにしたい、そういう地域社会をつくりたいと思いました。

そのために私にできることは、自分で社会福祉法人を設立し、それを母体に理想とする福祉施設を設立して経営することです。一人の教員として雇われて働くことに比べたら、施設の設立と経営は経験のない大事業です。資金も必要であり、いったん始めたら安易に引き返すことはできません。本当にできるだろうかという不安はありました。しかし、社会の側を変えなければ、障がい児たちが個性を輝かせて生きることはできません。今すぐではなくても、いつか必ず実現しようと思いました。

「この子らを世の光に」——糸賀一雄氏の教え

養護学校の一人の教員でしかなかった私に知的障がい者のための施設をつくるという勇

気をくれたのは、養護学校に通う子どもたちであり、保護者でした。また社会福祉法人を経営しているすぎの子会の理事長岩崎俊夫氏からは野木町には社会福祉法人がないので設立しないかと直接声を掛けられました。野木町は私の住居地です。創設のためのノウハウも教えてもらい、少しずつ現実化していきました。岩崎氏には法人設立後も相談役としてお世話になりました。

また著書を通して出会った糸賀一雄氏からも大きな影響を受けました。

１９１４年に生まれ、滋賀県庁に勤めていた同氏は戦後すぐの１９４６年、自ら思い立って「戦災浮浪児と精神薄弱児」のための教育施設「近江学園」を設立、それ以来、知的障がい児の福祉と教育に生涯を捧げました。日本の「社会福祉の父」と呼ばれる存在です。近江学園の設立からの20年を振り返った著書『この子らを世の光に』（１９６５年柏樹社刊、２００３年ＮＨＫ出版により復刊）を手にしたとき、私は深い感銘を受け、そして将来の施設建設に向けた勇気をもらったのです。氏は20年を振り返り、子どもたちとの共感を重視してこう記していました。

「『一期一会』という言葉があるように、この学園の丘の上で出会うことになったすべてのひとたちとおとなも子どもも、かしこいひとも愚かなひとも、健康なひとも病んでいるひとも、みんなひとつの家庭のなかのように、手をつなぎ、思いやり深く、そして逞しく生きていこうとねがってきた。その人の生まれや育ちがどうであろうと、その人がどんな障害をもっていようと、問うところではなかった。（中略）教育技術が生かされる基盤となるもの、むしろ教育技術をうみ出すもの、それは、子どもたちとの共感の世界である。それは子どもの本心がつたわってくる世界である。その世界に住んで私たち自身が育てられていくのである」（「5 発達保障という考え方」）

そして、著書のタイトルであり福祉に携わる多くの人が今も大切に受け継ぐ「この子らを世の光に」という言葉につなげるのです。

「近江学園ははじめからいまにいたるまでこの子どもたちへの愛情と共感で結ばれた学園であった（中略）精神薄弱児にしても、その生命がひとりひとり、かけがえのないものだということを、私たちははじめから知っていた。理屈を超えて直感していた。どんな子どもも捨てられてはいけないのである。（中略）世の光というのは聖書の言葉であるが、私はこの言葉の中に『精神薄弱といわれる人たちを世の光たらしめることが学園の仕事である。精神薄弱な人たち自身の真実な生き方が世の光となるのであって、それを助ける私たち自身や世の中の人々が、かえって人間の生命の真実に目覚めて救われていくのだ』という願いと思いを込めている。近江学園二十年の歩みとは、このことを肌身に感じ確かめさらに深く味わってきた歩みといえるのである」（前掲書「あとがき」より）

「この子らに世の光を」ではありません。世の中の片隅に追いやられているこの子たちに光を当てようということなら多くの人が口にしてきました。糸賀氏はそれとは逆に、この子たちの放つ光こそ私たちを目覚めさせるものだと語ったのです。私も将来の社会福祉法人の設立を通して、「この子らが世の光である」ような、それが可能になる社会をつくることが必要なのだと思いました。

その後の社会福祉法人の設立や経営に困難が立ち現れるごとに、私はこの言葉を思い出し、勇気と励ましを得ていました。

第2章

養護学校を卒業したあとに待ち受ける障がい者の孤立

真の共生をめざし、退職金をすべて注ぎ込んで社会福祉法人を設立

法人立ち上げに向け保護者と対話

社会福祉法人の立ち上げの構想は比較的早く、教員としての勤務を養護学校に移してほどない頃ですが、実際に行動に移すのは、定年退職が見えてきた1995年でした。

きっかけの一つは保護者からの相談です。教員からさらに教頭、そして校長を務めるなかで、私は養護学校に通ってくる障がい児の保護者とも積極的に交流をもっていましたが、彼らから「養護学校を卒業しても子どもを行かせるところがない」という深刻な悩みを何度も聞かされていたのです。

高等部を卒業したあとは一般企業への就職は少なく、授産施設に通って、そこで軽作業を覚えたり、もう少し力のある障がい者の場合は一般企業への就職の準備をしたりします。ところがそうした施設の数は限られています。当時私が住んでいた栃木県の野木町には授産施設はなく、近隣の市町村の授産施設も定員を超えており、保護者は困っていました。

とりあえず野木町心身障害児者父母の会の皆さんと話し合い、町営の建物を拠点にして「

町立民営」という変則的な形で、父母の会が小規模作業所を運営していたのです。

これはいよいよ施設づくりを急がなければいけないと考えていると、保護者からも「私たちもできるだけの協力をする。一緒に新しい施設をつくりましょう」と声が掛かったのです。

また最後の職場であった足利中央特別支援学校の隣が社会福祉法人足利むつみ会でしたが、そこで卒業生が一生懸命働いていた姿に感動し、理事長阿由葉寛氏から施設づくりのこともいろいろお聞きし、法人の立ち上げに勇気をもらいました。阿由葉氏は現在、全国社会就労センター協議会の会長をされています。

しかしながら私の周囲には「なにも定年を目前に、やったこともない施設の経営などに手を出すことはない。うまくいくはずはない」という忠告をくれる人もたくさんいました。確かに、社会人としては教員の経験しかありません。蓄えもありません。それでも、送り出した生徒たちに少しでも良い環境が提供できるなら、私はその力になりたい、あとから「あのときなぜ腰を上げなかったのだろう」と後悔するくらいなら、挑戦して失敗したほうがよほど気が楽だ、とも思いました。

しかも定年が間近に迫り、退職金として手にできる金額が見えてきたので、これを元手にすれば、決して十分とはいえませんが、とりあえず施設経営を始めることはできそうです。社会福祉法人の設立認可にはそれなりの時間がかかると聞いていたので、定年退職の直前ではなく少し前に始動し、1995年に社会福祉法人立ち上げの準備委員会をつくりました。すると私に相談を寄せた保護者たちも誘い合って支援に立ち上がってくれました。その中心的役割であった横山さんはコンサートや販売会などを積極的に企画し、啓発と資金集めに奔走してくれました。その資金は、法人設立後セルプ花の時計台となって今もセルプ花を見てくれています。父親たちは働き盛りの年齢だったのでこの活動には直接関わることは困難でしたが、大きく陰から支えてもらいました。今でも私にとって大切な相談役です。さらに保護者以外の地域の民生委員や有志の人々が「セルプネット21」という名前の自主的な後援会を発足させ、募金活動などを始めてくれました。セルプネットの組織は野木町の橋田さんや光定さんが中心となって活動を展開してくれました。セルプという のは自助自立を意味する「SELF HELP」を基にした造語で、さまざまなハンディに屈せず社会的に自立していくという決意が込められた言葉です。「セルプネット21」はこの設立準備時にとどまらず、以来25年を超えて今もなお支援組織として活動を続けてくれていることに感謝の念が尽きません。

利用者それぞれの個性を大切に。人権教育の始まり

設立する社会福祉法人のイメージは私の中で固まっていました。

一人ひとりがそれぞれの個性を発揮し楽しく働き、個性に応じた自立を目指していくことができる法人です。

当時はまだ2000年の社会福祉政策の転換を前にした旧来の「措置」の時代です。間もなく大きく変わるというアナウンスはされていましたし、社会福祉関係者は皆知っていたとはいえ、新法の公布も施行もまだです。福祉サービスは旧来どおり国が一定の基準で障がい者を区分し、あなたはこういう施設に入りなさいと指示し、その費用を負担するという仕組みでした。障がい者の人権という視点からこれでいいのかと疑問に駆られながら、

あくまでも利用者本位で、積極的に地域と交流しながら運営されていくような、地域に開かれた新しい社会福祉法人にならなければと考えていました。

地域住民の反対に直面

施設をスタートさせるに当たってまず必要となるのは、運営母体である社会福祉法人の設立と資金の用意です。資金は、土地の購入と建物の建設、当座の人件費や施設運営費用としてまとまったものが必要です。国や自治体からの相当額の援助もありますが、手持ち資金ゼロでスタートはできません。退職金のすべてを注ぎ込み「保護者会」と「セルプネット21」が自主的に集めてくれたおかげで、スタートに必要な資金はなんとか賄うことができました。

しかし土地の確保には苦戦しました。当時はまだ、社会福祉法人の本拠地となり、施設が建設される土地の取得に当たっては、近隣住民全員の承諾証明書が必要と決められていたのです。

私が施設の建設候補地と決め、法人の本部を置こうと考えていたのは自宅を構えて50年以上暮らしていた栃木県南部の野木町でした。実際そこで良い土地が見つかり、さっそく近隣住民の承諾を得るべく説明会を開きました。すると続々と反対意見が出てきたのです。「どういう人が通ってくるのか知りたい」「家に突然飛び込んでくるようなことはないのか」「夜中に奇声を発したりすることはないか」「建てるなら厳重に塀で囲み、さらに、その上部には乗り越えられないように忍び返しをつけてもらいたい」「こういう施設ができると土地の資産価値が下がるので迷惑なんだ」……さまざまな意見表明がありました。そういう反対意見が出るだろうということは覚悟してはいましたが、実際に耳にするとやはりショックでした。説明を重ねて理解していただくしか方法はありません。しかし何回説明会を重ねても同意が得られず、結局その土地の購入は諦めざるを得ませんでした。

土地がない状態では、社会福祉法人の設立申請は出せません。地域に開かれたものにして地域と一体でつくっていくことを目標にしていた私にとって、地域住民の反対による開設断念というのは最も避けたいことでした。3月が申請の期限だったのですが、すでに2

月を迎えようとしている頃で、このままでは1年延期とせざるを得ないのかと思っていました。しかしその矢先のことです。反対の声が上がったまちを含む地元自治会の会長である金原さんが私の苦境を耳にして「私の土地でよければ譲ってもよい。近隣には私からもお願いをするので、今度は反対する人はいないだろう」という話をいただいたのです。金原さんは農業を営んでいる方で広い土地を所有しているだけでなく、農業従事者の待遇向上のための活動もされていました。自身も「農業専業で時給１０００円に挑戦するには」を積極的に挑戦していた金原さんは「自分も挑戦しているから、石橋さんの夢にかけるよ」と言ってくださいました。

　こうして空白になっていた書類の「本拠地」の欄に滑り込みで住所を記入し、社会福祉法人設立申請を出すと、間もなく審査も無事通って認可が下りました。

パステルと命名

金原さんのおかげで手に入った土地は広さ４００坪ほどです。住宅地を奥へと進み、未舗装で車1台がやっと通れるような道をガタゴトと走ってようやくたどりつくようなまちはずれの少し寂しい場所でした。すっかり葉の落ちた冬の終わりの雑木林の先にその土地が見えてきたとき、そこには真っ白な花をいっぱいに咲かせた、とても印象的な1本のコブシの木があり、この花のように純白な心をもった子どもたちを、それぞれにふさわしい色に染めたいと思い、水彩画に使う絵の具の名前を新しい社会福祉法人の名前に決めたのでした。法人のロゴマークにもパステルカラーの花の絵柄を採用しました。

私たちが経営理念として打ち出したのは「ともに支えあう　たしかな明日へ」というスローガンです。そして「社会、地域における福祉の充実・発展」に寄与することを使命とし、その使命を果たすため、４つの基本方針に基づく経営を実践することと定め、

1. 利用者の安心・安全の提供と生きがいのもてる法人

2. 地域と密着し、共に成長できる地域社会を目指す法人

3. 期待する職員像に基づき、働きがいの職場の実現を目指す法人

4. トータルなマネジメントの実現を目指す法人

となることを約束しました。

具体的には、利用者、保護者、職員、そして地域社会が支え合いながら、障がいのある方々の「自立へのステージ」となること、そしてすべての障がいのある方、利用者の一人ひとりが、のびのびと、自分らしく生きてゆく未来に思いを馳せ「楽しく働く」「元気に遊ぶ」「豊かに住む」ことを実現する場としてパステルをつくりあげることを行動方針としました。

「パステルの歌」もできました。新生パステルのために作詞を春日ゆき氏、作曲を安藤実親氏がしてくださったもので『指切りげんまん』というタイトルです。もちろん今も歌い続けています。

1　勇気をだして　開いてごらんよ
あなたの心
ほーら涙が　涙が　微笑むでしょう
白く輝く

こぶしの花と　みんなの笑顔
そっと　そっと　覗いてみたいよね
もういいかい　まあだだよ
指切りげんまん　幸せを　きれいに咲かせましょう

2

勇気をだして　開いてごらんよ
あなたの心
ほーら言葉が　言葉が　生まれたでしょう
いつも優しく
ささやく花と　みんなの唄が
きっと　きっと　お話しできるよね
もういいかい　まあだだよ
指切りげんまん　幸せを　きれいに咲かせましょう

3　勇気をだして　開いてごらんよ
あなたの心
ほーら希望が　希望が　あふれるでしょう
そっと開いた
いのちの花と　みんなの力
もっと　もっと　大きくなりたいね
もういいかい　まあだだよ
指切りげんまん　幸せを　きれいに咲かせましょう

法人の第1号の施設となる通所授産施設「セルプ花」（就労継続支援B型。現在はさらに、就労移行支援事業、生活介護事業など複数の事業を実施する多機能型事業所に変更）は、法人設立の翌年の１９９９年にオープンしました。

法人設立前から支援をしてくれた町立民営の小規模作業所から十数人がそのままこの施設に移り、総勢29人の利用者と、試験を通して採用した9人のスタッフがそろっていよいよ運営が始まりました。

一人ひとりが笑顔で過ごせる場所であること

設立当時はまだ「措置」の時代です。福祉が次の時代へと移っていかなければならないことは、国の施策の検討でも、福祉業界の認識においても自明でした。春、秋、冬のそれぞれのお楽しみ会、スポーツ大会や作品展示会、納涼祭、日帰り旅行や一泊旅行、親子旅行、そして文化祭やクリスマス会、新年会など、毎月イベントを計画、利用者と保護者、地域の人々が一体となって、地域に開かれ、地域に必要とされる施設となることを目指して運営していきました。

特に私が考えていたのは、利用者一人ひとりが気持ちよく笑顔で過ごせる環境づくりです。

A型の事業所は雇用契約を結び、一般就労に近い形で働き収入を得ます。それに比べて

Ｂ型は雇用契約は結ばずに利用者が障がいの程度や体調に合わせて比較的短時間の作業を行うことになります。

それぞれが楽しいと思える創作活動を通して自分たちで何かを生み出し、それを発信するということの楽しさを知ってほしいと思っていました。「プリント印刷」「レザークラフト」「織物」「パン・クッキー」「農業園芸」などの班をつくってそれぞれの作業班に所属し、クラブ活動として「絵画クラブ」「ダンスクラブ」「陸上クラブ」をつくり、専門の指導者も頼みました。

こうした活動のアイデアは35年間にわたる教員活動の経験が大いに役に立ち、また、利用者一人ひとりをじっくりと観察し、どんな特徴や個性の持ち主なのか、どんな表現をするのかということを時間をかけて見極めるという利用者へのアプローチも、教員生活のたまものといえます。

どんな仕事や作業が合っているのか、利用者はみんな正直なので「これやってみる？」と誘っても自分に合わないと思ったらやりません。３日間くらいは我慢してやることはあっても、やめてしまうのでそこははっきりしています。逆に自分に合ったものを見つけると、一生懸命にやって、しかも長続きします。いろいろなものを紹介して一人ひとりに合った好きなものを見つけるということが、私たちの最初の、そして最も重要な仕事になりました。それに出会うことができれば、本人の生きがいにもつながります。

少なくとも3カ月、長ければ半年がかりで、利用者の個性をつかんでいきました。その利用者がどういうときにどういう表現をするのか、じっくりと観察するのです。こんなことを言うとにっこりする、こんな言葉を掛けると嫌な顔をする、気に入らないときはこんな表情になる、困ったときはこんな仕草をするといったことを丁寧に見ていきます。何があっても絶対に怒らない、これも大事です。

こんな利用者がいました。言葉がなく、比較的重度の知的障がい者で、うれしいと感じると物を投げるのです。最初はそれがうれしいということの表現であると分からず、スタッフも「物を投げてはだめ」と注意していました。

ところがよく観察していると、明らかにうれしいときに投げるのです。そういう表現もあるということは私たちにとっても新たな学びでした。それからは私たちも一緒に楽しく物を投げました。すると利用者もますます笑顔になります。そして物を投げなくても意思が伝えられることを分かってもらいます。辛抱強い試行錯誤のなかでついに心が通じたときの喜びはこの仕事ならではです。

本人のあるがままを受け入れることは、施設を運営するうえでの私のモットーでした。悲しいときには悲しい顔になり、うれしいときにはうれしい顔になり、暴れたいときには暴れる、周りの目を気にすることはありません。これをしてはいけない、こういう態度はいけないと常に言われ、言われないまでも感じ取って自分を抑えています。ありのままでいいという時間を施設の中で過ごすことで、いいことも悪いことも周りの反応を見ながら新しく自分で覚えていけるのです。自分を抑えることとは違う体験が、成長を促し、笑顔の時間を増やしていくと考えていました。これは、利用者の皆さんの自己実現へのプロセスなのです。第1のステップは、利用者一人ひとりの「自己表出」で発達の基礎を固める時期です。どんな表出の方法も受け入れて利用者の心の居場所をつくります。第2のステップは「自己理解」で本人なりに学び育つ時期となります。自分を表出し、周りの人から褒められることや注意されることを通して自分のことを理解できるような環境をつくります。そして第3のステップとして「自己受容」という自分らしさを見つける時期で、心の発達が見えてきます。このように自分を表出するところから人との関わりを深め、「自己決定」という豊かで自立的な生活を過ごす時期をじっくり・ゆっくり待つ「笑顔のパステル」を夢見ての開設だったのです。

保護者の希望で入所施設を建設

セルプ花は設立に向けて準備の段階から一緒に活動してくれた保護者やセルプネット21の応援を受けながら、班活動やさまざまなイベントもにぎやかに開催、順調に運営を続けました。開設の年には屋外作業所兼店舗を増設、パン工房の設備をより充実させるための改修工事、さらに菓子の営業許可を取得し、翌年には施設内に店舗も開店しました。施設内で製作したものを販売するためです。

ただつくるだけではなく、またいかにも福祉施設がつくったという〝アマチュア〟然としたものではなく、市販の商品と肩を並べても遜色がなく、堂々と勝負しながら販売できるものにしたいという当初からの構想を実現するためのものでした。

通所型授産施設の開設から間もなく、多くの保護者から今度は入所施設をつくってほしいという声が寄せられました。朝９時から夕方４時までの通所型施設のため、利用者は保護者に自宅から送り迎えしてもらって通います。「当面はそれでもいい。しかし私たちがいなくなったら子どもはどうなるのか」――それが保護者の共通した悩みでした。子どもが安心して暮らせる入所型の施設が欲しい。そこで共同生活を送りながら自立して生きていくことを学ばせ、自分たちが死んだあとは、そこで暮らしていってもらいたい。その安心が欲しい、というのが保護者の気持ちです。それは痛いほどよく分かりました。

一般に「８０５０問題」と呼ばれている深刻な社会問題があります。80代の親が50代でなんらかの理由で引きこもってしまった子どもの生活の面倒を見切れなくなり、共倒れになってしまうというケースが数多く報告されるようになり、ますます増えると考えられているのです。知的障がいの子どもをもつ親にとってもこの問題はひとごとではありません。別に引きこもりではなく、日中は施設に通っていても、朝と夕方以降の生活の世話は欠かせません。今は元気だから大丈夫だけれど自分たちが年老いたら、あるいは介護を受ける身になったら、いずれは先に死ぬことになるそのときに子どもはどうなるのかと考えるのは当然です。安心して子どもを任せる場所が欲しい、そうでなければ死んでも死にきれないというのが保護者の正直な気持ちでした。子どもが小さく、自分たちも若いときなら気づくこともありません。しかし保護者が60歳を超えるようになると不安はリアルなものにならざるを得ません。ぜひ入所施設はつくらなければならないと思いました。

実は通所型授産施設の開設のあと、社会福祉法人として今後何をするかということを私はまったく考えていませんでした。とにかく念願の社会福祉法人を立ち上げ、最初の施設をスタートさせることで精いっぱいだったからです。しかも入所施設の依頼を受けたのはオープンしてまだ1年しか経っていない頃でした。入所型となると、24時間３６５日、家庭にいるのと同様の障がい者の世話ができなければいけません。建物には個室や二人部屋などの独立した居室の用意が必要で、厨房や食堂、お風呂などの設備も整えなければなりません。スタッフもシフトを組んで24時間常駐することになります。通所型とは異なり、規模の大きな取り組みになるのです。

しかし、切実な入所施設の要望があることを知りながら、何もしないわけにはいきません。ニーズに応えることと、そのために知恵を絞ることが、社会福祉法人の仕事です。できる、できないを自分の都合で判断し、その範囲を基準にこちらから利用者を選別するのでは、従来の「措置」時代の社会福祉サービスの提供スタイルと変わるところがありません。難しいことは承知で、挑戦してみようと思いました。

再び土地探しからです。今度もパステルに土地を提供してくれた自治会長の金原さんが、隣接する所有地を提供してくれることになり、その土地を購入して建設することにしました。当時は障がい者入所施設の定員の上限が20人だったので定員いっぱいの大型の施設にしました。設計も運営体制づくりや職員の配置も通所型の施設とはまったく異なりますから、初めてのことも多く試行錯誤はありましたが、法人設立3年後、２００１年に入所更生施設「ホーム宙《そら》」（現・障害者支援施設）を開設しました。

福祉政策の転換のなかで

私が社会福祉法人を立ち上げた１９９８年は、国の中央社会福祉審議会の分科会が「社会福祉基礎構造改革について」という中間まとめを発表し、国の社会福祉政策を「措置から契約へ」と大胆に転換しようとしているときで、当時はまだ審議会の中間まとめでしたが、早晩、新たな施策が展開されていくであろうことは明らかでした。

サービス提供者の中心を担う一つである社会福祉法人の役割はいよいよ大きくなり、従来は国が敷いた措置のレールの上で決められた役割を果たせば、それで最低限の事業は成り立ちました。しかしこれからは一人の人間として必要な福祉サービスを得る権利をもった障がい者に選ばれる魅力的なサービスメニューをもたなければ、淘汰されることもあるという甘えの許されない立場に置かれることになったのです。

また入所施設のあり方についても国の検討が進みました。20人といった大人数を一カ所に集めて大規模施設として建設しようとすれば、土地取得などの関係で、どうしてもまちから離れてしまいます。地域のなかで、地域とともに暮らすということが重要であるという観点から、国は規模を縮小し数人程度の単位で共同生活を送るグループホームとしてまちのなかに設けることを基本とすることにしたのです。

契約の時代の福祉事業はどのようなものになっていくべきか、私は施設の開設と運営が一段落した２０００年、スウェーデンの福祉政策を学ぶ研修旅行に参加しました。そして訪問先のスウェーデンで見た福祉の最前線の様子は、まさにこれからの社会福祉法人が積極的に担い実現していかなければならないものだと感じたのです。

スウェーデンでは、すでに規模の大きな入所施設は基本的に廃止され、グループホームが基本になっていました。１９６９年にノーマライゼーションの原理を定めたベンクト・ニィリエも、当初からグループホームの規模や立地に言及しています。「施設の規模はその地域社会の中でノーマルで人間的なものでなければならない。特に気をつけなければならないのは、近隣の人たちが日常の地域生活の中で溶け込める範囲以上に多くの人数を収容する施設は適当な規模ではないということである」「これらの施設の設置場所を計画する際、単に知的障害者であるという理由から、孤立した場所に設置してはならない」（『ノーマライゼーションの原理』ベンクト・ニィリエ、現代書館）。この原理がしっかりと貫かれ、障がい者だけを施設に集めてサービスを提供するのではなく、障がい者も社会のなかで一人の市民として生きていくべきであり、当然その権利は保障されなければならないと考えられていたのです。

スウェーデンで学んだこと

実際、研修で訪ねたグループホームは一般の集合住宅の中にありました。ほかの住戸と同じように玄関があり、キッチンやダイニングルーム、ベッドルームがあり、身なりを整えるドレッサーも用意されていました。入居している障がい者は、毎日訪問してくるヘルパーのサポートを受けながら、適宜必要な補助用具を使って自立した生活を送っています。保護者ではなくヘルパーが公費できちんと派遣される仕組みです。家族に犠牲を強いるのではなく、社会が一人の人間として生きられるよう保障しているのです。なかには、ベッドごと運んでもらいライブコンサートを楽しんだ人もいると聞きました。これこそ障がい者が人間としての尊厳をもって必要なサポートを受けながら社会のなかで生きていくという当たり前の姿であり、こうした必要とされるサービスを提供できる社会福祉法人でなければ、契約の時代を生きていけません。

このときとは別の折に、イギリスに研修に行ったときにも、日本にはない象徴的な支援システムを見ました。ある日本人が障がい者としてサポートを受けていたのですが、その人は知的障がいがあったのではありません。英語ができないために周囲とのコミュニケーションがうまく取れずに落ち込んでしまっていたのです。すると通訳が派遣され、サポート体制が取られました。言葉が通じないという理由で公的な支援が入るなど日本では到底考えられません。しかし、欧米では、共同体のメンバーとして一緒にやっていけない状態にあったら、すぐに援助の手が差し伸べられます。どういう障がいがあるか、それが重いか軽いかという区別を細かく判定する必要はありません。人は誰でも個人として尊重され、不自由なく社会生活を送る権利をもった存在だということが大前提にあり、それは公的に保障されなければならないと考えられているのです。障がいがあるかないか、程度はどのくらいかという以前に、全員がまず一人の市民であり、市民として生きる権利をもっているのです。そういう確固たる認識がまず前提としてあるというところが、日本との大きな違いだと感じました。

スウェーデンへの研修旅行から3年後の2003年、いよいよ日本でも2000年に大幅改正された知的障害者福祉法に基づく「新障害者プラン」が実施に移され、新たに支援費制度が導入されて契約を基本とする福祉サービスの時代が本格的に始まりました。

新たに施行となった契約制度は、利用者本人が福祉サービスを提供する事業者を選び契約を結ぶ仕組みです。「自分はこんな生活をしたい」「あの施設に行きたい」「この仕事をしたい」といった意向に沿って利用者が事業者を選びます。利用者にとって魅力のあるサービスが提供できなければ、選んでもらうことができず、選んでもらえなければ社会福祉法人といえども事業は継続できません。

障がい者福祉の新たなスタートに立ち会った私たちがそのとき改めて決意したのは「利用者目線でサービスを創造する」ことでした。

楽しく安心して過ごせる場所を提供するだけでなく、ニーズに合った質の高いサービスを用意し、利用者に生き方や生きがいを見つけてもらい、自立した人生の構築を支援することこそ私たちの仕事です。

利用者が自分に合った選択ができるよう、施設の態様やサービスの内容もできるだけ広く多彩なものを用意することにしました。特徴のある施設を増やし、地域を網羅する広いサービス網を築くことが、選ばれる社会福祉法人として欠かせないからです。私たちのような過去の福祉サービスの世界を知らない〝新参者〟のほうが、思い切ったチャレンジができる可能性もあります。新しい社会福祉法人の姿を模索してみたいという思いもあり、私は保護者会やセルプネット21の頼もしい後援者とともに一般企業のような経営感覚もしっかりともちながら事業の拡大と成長に積極的に取り組んでいこうと思いました。〝成り行き〟で始めたところもあった経営ですが、私は新しい時代の社会福祉法人に挑戦するという明確な目標をもって積極的に推進しようと心のなかで舵を切りました。

グループホームを毎年1棟開設

事業推進の柱の一つはグループホームの建設と運営です。スウェーデンの例に見るまでもなく、障がい者が地域のなかで、地域の一員として自立した生活を送ることは、日本におけるこれからの障がい者福祉を考えたとき、積極的に推進すべき施策だと思いました。

障がい者もいつまでも親元にいることはできません。親も高齢化していきます。そもそも子どもは誰でも20代後半ともなれば、親元から独立していくのが当たり前のことで、障がい者だけがいつまでも親元を離れないというのもおかしなことです。グループホームは積極的に建設していくべきものだと思っていました。人里離れた土地に、姿を隠すように大型の入所施設をつくっても、地域の一員にはなれません。積極的に地域のなかに入っていくことが差別や偏見のない社会をつくっていくためにも必要です。地域のなかに入っていこうという努力が社会福祉法人自身に足りなかったのではないかという反省もありました。同じ入所型の施設でも、最初に設けた障害者支援施設は保護者の強い希望もあり、施設規模のやや大きなものになりましたが、今後は数人単位で共同生活を送るグループホームの建設に力を入れたいと思い、自分の中で「年に1棟」というペースを決めて実行していくことにしました。

ただし、グループホームの建設は大きなエネルギーが必要です。一つひとつが小規模であっても棟数が多くなりますから、それだけ土地を数多く取り扱わなければなりません。

また住宅地での生活になるため、入居する利用者には近所の人には道できちんと挨拶し、迷惑を掛けるような振る舞いは慎み、決まった時間帯に帰宅するといった、市民生活上の当たり前のルールが守れるように、あらかじめ教育をしなければなりません。

グループホームの建設も、ほかの施設同様にまず土地探しからのスタートでした。以前のように近隣住民の同意が不可欠とされるようなことはありませんが、必ず説明会を開いて理解を求め、相変わらず「家に入ってこられたら困る」といった反対意見は出たものの、丁寧に説明することで同意を得ていきました。

第1号のグループホームは２００３年に定員４人で開設、その後は計画どおりほぼ年１棟のペースで建設を重ね、これまで15カ所にまで拡大しました。

最近は日中サービス支援型という新しいタイプのグループホームの建設も求められるようになっています。従来のグループホームは、比較的自立の度合いが高い人が入居するケースが多く、日中は一般企業に出勤したり多機能型事業所などで仕事に就いたりするため、朝と夕方以降の時間を過ごすのがグループホームでの生活の基本でした。しかし最近では、高齢の障がい者や重度の障がい者を中心に、日中も出掛けずにそのまま過ごしたいという人が増えているのです。利用者本人の高齢化に加え、保護者の高齢化もあり、家族の事情から自宅に住めないという人が親元を離れて共同生活できる場所を求めているからです。

この日中サービス支援型では従来は想定していなかった昼間の生活支援のために、新たに支援員と看護師を常駐させることが必要になります。また昼間の時間を少しでも快適に過ごすために、庭を広くとって散歩道を設けたり、居室や食堂以外に運動ができる部屋を計画したりすることも必要です。また、若い人と高齢者が同じ建物で暮らすケースも出てくるので、その場合は空間を分けることも考えなければなりません。自立度の高い人のためにスタートしたグループホームは、現在は入居希望者が多様化しています。ニーズはどんどん変化していくので、いちばん近いところにいる地域の社会福祉法人がしっかりとすくい上げなければいけないと思っています。

少人数単位のグループホームは、大きな利益を生むような性格のものではありません。棟数を増やすことが経営上のスケールメリットを生むということもなく、むしろ逆に、規模が小さくても数が増えれば、その数だけ手間も増えます。しかし、地域のなかで地域の一員として障がい者が暮らすことの意義は、障がい者と健常者の双方にとって大きな価値のあることであり、障がい者が身近にいることが当たり前の社会にしていくことは、社会福祉法人の重要な使命であると考えて運営を進めました。

総勢120人でハワイ旅行を敢行

「楽しく働き、元気に遊ぶ、豊かに住む」――これは利用者の自立のために私たちが掲げた行動理念です。自分が施設をつくったら、とにかく利用者も保護者も楽しませてあげたいと思っていました。働くことを楽しみ、創作を楽しんでもらうつもりでした。しかし、いくら楽しくても、施設内の仕事や作業ばかりの毎日では面白くありません。

第1号施設では、さまざまなイベントと並んで、最低でも年に1度は日帰りのハイキングや近県の観光地への一泊旅行を楽しみ、5年に1度は海外旅行に出掛けることを最初から計画していました。

宿泊を伴う旅行のときは保護者も一緒です。ただし、保護者が一緒にいると利用者が保護者の顔色を見て行動するようになることが分かり、一緒に行っても、現地では別々に遊ぶことにしました。保護者は保護者で遊んでもらい、こちらは利用者だけで遊びます。「私たちだけで楽しんできていいの？　うれしい」と保護者からも歓迎されました。

5周年のときはハワイ旅行に出掛けたのですが、利用者とその家族、職員、総勢１２０人の大旅行のため、飛行機も2便に分けて搭乗しました。ホノルルマラソンの時期に合わせたのでマラソン部のメンバーを中心に利用者と職員の合計7人がフルマラソンに挑戦、アップダウンのあるコースを全員が完走しました。またマラソンではありませんが10キロウォークにはその他の利用者が全員で参加、ワイキキの浜辺沿いの道を楽しく歩きました。

実は、社会福祉法人設立前の養護学校時代、私は生徒と保護者と一緒にグアムに旅行に出掛けたことがありました。きっかけはその保護者が「子どもが養護学校の修学旅行で新幹線に乗ったことがとてもうれしかったようで、そのときのビデオテープを繰り返し見てテープがすり切れそうになっている。今度は飛行機に乗せてやりたい」と話していたことでした。どうせ行くならグアムに行きましょうと誘って出掛けました。その経験もあったのでハワイも大丈夫、みんなで楽しく行けると思っていました。もちろん障がい者の海外旅行に慣れた旅行代理店を選んだり、常用の薬を忘れずに持たせたり、万一のときに現地で世話になる病院をあらかじめ手配したり、といった準備はしっかりと整えました。

　知的障がい者にとって、旅行が楽しいものだろうかと疑問に思う人もいるかもしれませんが、みんな旅行が大好きです。確かに、ハワイといってもそれがどこなのか分からなかったり、海外ということの意味が理解できなかったりということはあります。しかし周囲の人たちのいつもとは違う弾んだ雰囲気やワクワクした気分を鋭く感じ取って、本人たちもいつもとは違う楽しげな表情になります。旅行中は施設にいるときよりも表情が豊かで、動きも活発です。帰ってきてからも元気で、生活も前向きになります。おそらく周囲から「飛行機乗ったんだって？」「ハワイに行ったの？　すごいね」と声が掛かるので、自分たちがすごいことをしたのだと分かり自信につながるのだと思います。また、みんなに評価されるということは次の挑戦への勇気を生みます。帰国して利用者からすぐにまた行きたいという声が上がりました。その後も海外旅行は計画どおり5年に1回のペースで実施し、グアム、オーストラリア、台湾と回を重ねて「今度はニューヨーク！」と希望する利用者もいますが、ニューヨークはさすがに遠過ぎるかもしれません。

措置の代行からニーズに応える社会福祉法人に

国が決めた措置を、要件に合わせて実施すれば事業が成り立った、措置の時代の終わりは私たちにとって歓迎すべき時代の始まりでした。自らニーズを発掘し、それに応えるものを提供し契約者を増やさなければならないのです。「措置の時代」を知らなかったことは、私にとって良いことでした。常に自分たちは保護者や地域社会から評価されるのであり、高評価を得ることで利用者に選ばれ続けなければならないという覚悟があったからです。評価が経営の証しであり、評価が低ければ利用者は集まらず経営は行き詰まります。利用者が笑顔になるような施設でなければなりません。保護者はしっかり見ています。私たちは利用者に選ばれる新しい時代の社会福祉法人の先頭に立ちたいと考えていました。ニーズに応えることは当たり前であり、だからソロバンをはじく前に、とにかく必要とされている以上、やるしかないというシンプルな発想を貫くことができました。当時、渋沢栄一の生涯を読んでおり、『論語と算盤《そろばん》』はぴったりの教本でした。

第１号施設である通所型授産施設の開設、入所施設の開設、そして第１号施設と同様の通所型就労継続支援施設の開設（２０１３年以降は、従来のさまざまなサービスを統合した「多機能型事業所」と呼ばれます）、さらに周辺の市町村で、毎年１棟開設のペースで始めたグループホームなど、私はさまざまな福祉サービス施設を積極的にオープンしていきました。

２０１１年に始めた障がい児通所支援事業所と３年後の２０１４年に始めた子ども通園センターは、いずれも知的障がい児への支援を考えたものです。

セルプ花の開設以後、おとなの障がい者を見ていると、子どものときにどういう環境で過ごしてきたか、そのスタートが非常に重要だということが分かりました。保護者は自分の子どもの障がいをなかなか受け入れられない、素直に認めないという傾向があります。「そんなはずはない」「そうであってほしくない」という気持ちが前に出て、子どもを否定的に見てしまうからです。しかし、子どもをありのままに受け入れることが子どもの成長には非常に大切です。無理なことをさせたり、隠したりということをすると子どもはのびのびと育つことができません。子どもはその場その場で１００％の力で生きています。サポートする人間は保護者の思いや悩みを聞き、しっかりと受け止め、励ましていくことが必要です。時間とともに保護者の口から「この子がうちの子で良かった」という言葉が聞かれるようになっていきました。

市の委託で地域の生活支援拠点に

１９９８年の設立以来、私たちは障がい者や保護者、地域が抱える悩みやニーズを受け止め、それに応えるために、さまざまな事業を展開していくことで、私たちの存在を広く認知してもらうことにつながりました。２０１８年には小山市から市の「地域生活支援拠点」業務の委託を受け、その後も継続して実施しているのも、その一つの表れです。もともと私たちは２００２年から独自の相談事業の試行を始め、２００６年の野木町を皮切りに、3カ所で専門相談員による相談支援業務を行ってきました。その実績のもとに新たに市の業務を受託することになったのです。

市の地域生活支援拠点とは、障がい者の重度化・高齢化や「親亡き後」を見据え、居住支援のための機能を地域の実情に応じて整備し、障がい者の生活を地域全体で支えることを目的としています。具体的には、①緊急時の迅速・確実な相談支援②緊急時の短期入所などの受け入れ・対応③体験の機会や場の提供を通じた施設や親元からグループホーム、一人暮らしへの円滑な移行の支援④専門的人材の確保・養成⑤地域の体制づくり、などの機能を果たすことが求められます。国は障がい者の高齢化と保護者の高齢化を背景に、各自治体にこの地域生活支援拠点の早急な設置を求めていますが、さまざまな機能を果たさなければならず設置は簡単ではありません。その点、私たちにはこれまでの地域におけるさまざまな事業を通したノウハウの蓄積と相談・受け入れ体制があることからこの業務を受託することになりました。

地域の複合的なさまざまなニーズに対応するため、社会福祉士などの国家資格をもった職員を配置し、また市内に存在する私たちの事業所の力を合わせ、地域の医療機関や関係機関とも連携して、地域共生社会の実現に向けた役割を果たしています。一事業所を展開するだけの社会福祉法人では、こうした複合的な業務の受託はできません。この委託が受けられたのも、これまで展開してきたさまざまな業務の積み重ねによるものであり、地域で頼られる存在になっていきました。

現在、私たちは「生活支援」「就労支援」「相談支援」「児童発達支援」の4つの領域のさまざまな事業を、スタートとなった栃木県野木町をはじめ、半径20キロ足らずの近接したエリア内にある小山市、下野市、壬生町、茨城県古河市の3市2町の31の拠点を通して展開しています。

地域福祉推進部を設ける

ニーズに的確に応えることで「選ばれる社会福祉法人」であり続けようと経営をしてきました。何年後に何を何棟、事業の規模はこれくらいにと、計画を立てたことはありません。経営コンサルタントの人が見たら、あまりにも無計画で、もっと落ちついてしっかりと構想を練ってから取り組みなさいと言うはずです。そういう点でも、私は教員の経験しかない経営の素人でした。しかし、それが良かったのだと思います。さまざまなタイプの事業所を開設し、いつの間にか施設数も増えていきました。初めに構想や計算があったら、逆にこれだけの広がりはつくれなかったと思います。

職員にも恵まれました。利用者一人ひとりの個性を見極め、利用者が明るく笑顔で過ごし、保護者にも喜んでもらえること、それを自分の喜びとするような職員であってほしいと思い、単なる「お預かり」の場ではない、ということを繰り返し話してきました。それに素直に共感してくれる人が集まっています。利用者とのコミュニケーションをどう工夫していくのか、パステルセミナーでの研究テーマに設定して新任の時代から勉強を重ねてもらい、全員が熱心に研鑽に励んでいます。

職員数も事業所の拡大とともに増え、当初の９人から現在は２４０人という体制になり、私たちには４つに分けたエリア別の組織に横串を刺すように設けた「連携事業部会」という存在が組織の特徴の一つとしてあります。各エリアで出てきた課題を共通項で括り、エリア横断で解決を図ります。一般就労ができるのではないかという利用者があれば、その事業所ではなく、連携事業部会の就労移行部が専任組織として検討します。そのほうがより専門的で確実なジャッジができるからです。また同じようにエリアから独立させて設けた「地域福祉推進部」も私たちならではの存在です。ここでは相談センターで受け付けたさまざまな地域のニーズを掘り下げ、私たちがどのような地域貢献ができるか、各エリアの事業所の能力や担当範囲にとらわれずに自由に考え、新たな取り組みにつなげています。

いつの間にか広がった事業領域と事業所ですが、組織体制の工夫を通して常に現場の悩みやニーズを共有し解決しながら歩みを続けています。

第3章

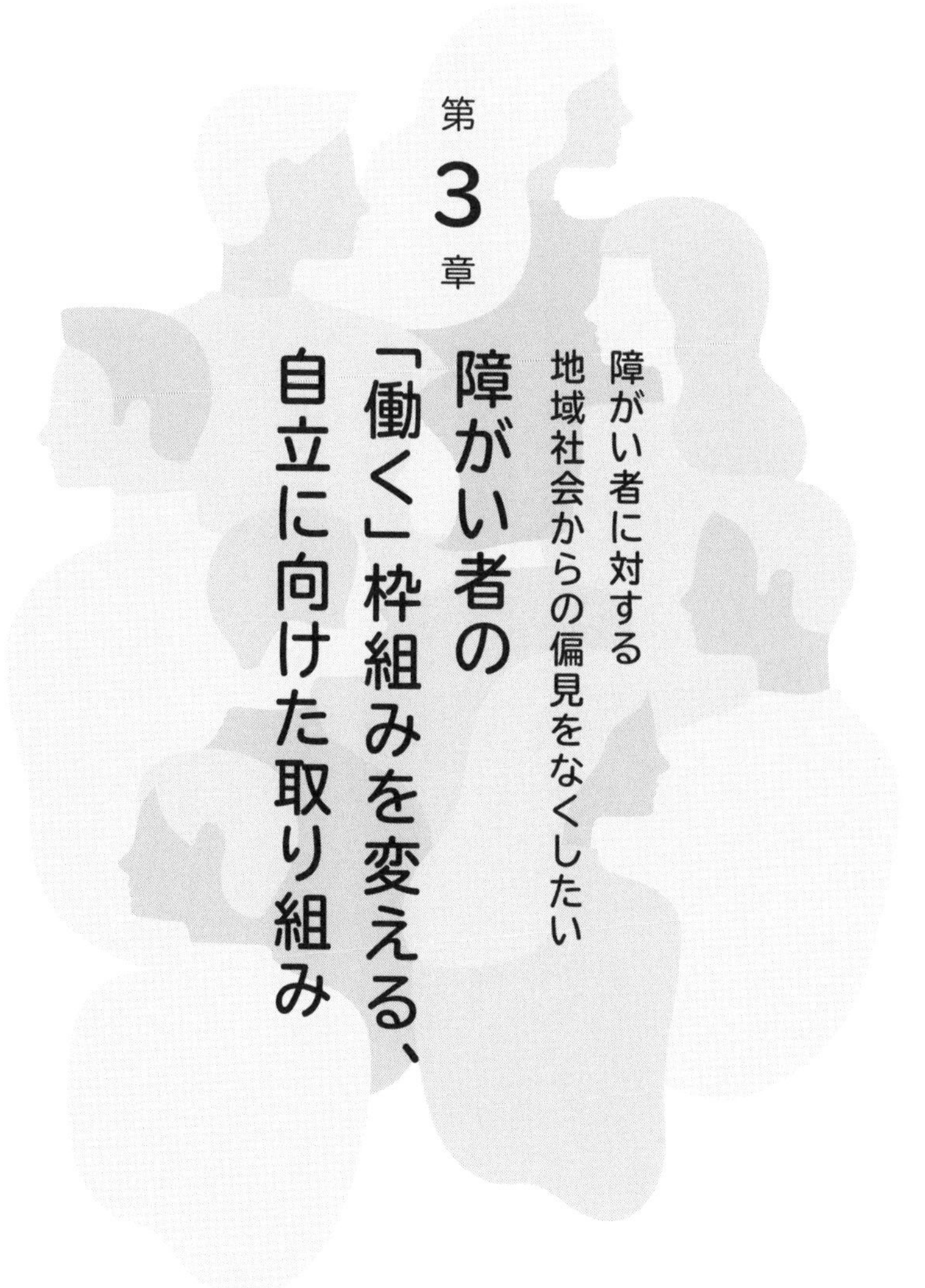

障がい者に対する
地域社会からの偏見をなくしたい

障がい者の「働く」枠組みを変える、自立に向けた取り組み

障がい者の自立をめざして

就労継続支援Ｂ型事業をスタートさせたとき、私が最も大切に考えていたことは利用者の自立のステージとなることでした。一人の人間としてまず何よりも、笑顔で毎日を送ってもらいたい、そして、それぞれがもっている力を発揮してさまざまな表現活動や仕事に励み、事業所全体の力でしっかりと収入も得ていきたいと思っていました。

もちろん障がい者の自立は経済のことだけではありません。利用者の一人ひとりで自立のスタイルは異なります。手づかみでしかご飯が食べられなかった人がスプーンを持てたり、お箸を使えるようになったりするのも一つの自立です。百人百様の自立があり、一人ひとりに合った自立を探り、実現するのが私たちの仕事です。

しかし、できる範囲でお金を稼いで経済的に収入を得ていくことは利用者本人の自立にとって、また事業所にとっても大切なことだと考えていました。きちんと稼げるということは、その仕事が社会に必要とされ、社会的な存在価値が認められているということの証しです。それは利用者の気持ちにも跳ね返ります。自分たちが社会の役に立ち、社会の一員として必要とされていると実感することは、利用者に大きな自信を授けるものになるからです。

本来自立の道は、一人ひとりが探るものです。しかし知的障がい者にそれを求めることはできません。かといって自立は外部から与えるものではありません。それは自立という言葉の本義に反します。

たくさんのヒントやきっかけを提示し、その反応を辛抱強く観察し、本人にいちばんふさわしいものへと導いていくのが私たちの役割です。

絵を描いたり楽器を演奏したり花を育てたりしながら、何が利用者を笑顔にするのかを探り、それを見つけ、笑顔が大きくなるように考えていきました。ただ描くだけ、演奏するだけでなく、それを人に見てもらったり聴いてもらったりすることも重要です。展覧会や発表会を企画して利用者が表現したものを人に紹介する機会を積極的に設け、鑑賞者のさまざまな反応を見たり聞いたりすることの楽しさを感じてもらいました。

創作活動と同時に、クッキーづくりとパンづくりを始めました。最初からおいしいもの、売れるものをつくることを目標にして、いかにも福祉施設の製品というものにはしたくなかったので、きちんと指導していきます。できることを分担すれば、障がい者施設でも市販の商品と遜色のないものがつくれるはずです。私の養護学校時代の教え子で、その後パン屋さんで働いている人がいました。時々職場を訪ねて仕事ぶりを見せてもらっていたのですが、一つひとつ丁寧にしっかりと作業を重ねていて、出来上がるパンもとてもおいしいのです。クッキーやパンづくりは施設でも十分に販売できるものがつくれると感じていました。

保護者会や後援会のセルプネット21のネットワークも使ってプロの職人の方に指導や監修をお願いしながら試作を重ねました。花づくりも近隣の農業高校と連携して苗をもらったり栽培の仕方を教えてもらったりしながら販売できるものを目指しました。

クッキーやパンは、最初は自分たちで食べてみて「悪くないね」というレベルからのスタートです。オーブンなどの設備も家庭用の小さなものでしたが、徐々に味も設備も本格的なものへと品質を高め、包装のデザインも工夫して、これなら売れるというものをつくりあげ、販路の開拓を進めました。地元の食材を使ったり、パンやクッキーのデザインを地元ゆかりのキャラクターを活かしたものにしたり、パン屋さんから季節の食材を使った商品の企画を提供してもらったりするなど、この地域らしさを魅力として押し出すことで商品の価値を高め販売先を広げました。

最初の販売先は自分たち自身です。お昼ご飯やおやつとして購入します。その後は保護者会やセルプネット21の方々が購入してくれていましたが、成人の日や敬老の日、また小学校の卒業式の記念品としてクッキー、毎年12月9日の「障害者の日」や、12月3日から9日までの「障害者週間」に合わせて野木町内の学校給食でパンが採用され、「これは地元の障がい者施設の人たちがつくったものです」と由来を説明してもらうことも実現しました。生徒たちにとっては、さまざまな人がこの地域に住み、仕事をしていることを知り、そうした人と共生していくことの大切さを学ぶ機会になったのではないかと思います。町や市から地元のブランド品やお土産品として指定を受けたものもあります。また地元企業についても、最初はこちらから購入のお願いに歩きましたが、その後は社会貢献の一環として企業の側から購入したいと積極的に声が掛かるようになりました。

もし私たちの施設内の作業が、企業の下請けとしてその企業の商品を製作することであったら、できたものの販路を心配する必要はない代わりに、こうした地域とのつながりは生まれません。自分たちで工夫して独自の製品をつくることが、地域との関係を深めることにつながっていきました。

できる仕事をつくることが重要

それにしても一般企業で働くことが困難な人が利用者となっている就労継続支援B型事業所で、そこまで本格的なパンやクッキーづくりができるのかと思われるかもしれませんが、もちろん十分に可能であり、それは仕事をつくる側の工夫次第です。

製作の工程を細かく分け、利用者が自分の能力に合わせて選べるさまざまな作業を切り出して、できることを選び、手順をきちんと教えれば、必ず質の高い仕事になります。ある人は材料の計量だけをするとか、パン生地をこねるだけとか、クッキーの型抜きをするとか、出来上がったものの袋詰めをするとか、これならできるというものを、こちらが用意すればいいのです。その手間を掛けずに最初からできないものと片付けてしまうのは、施設側の努力不足ということだと思います。

自分のやることが分かれば利用者は真面目にやり通すので一般の人間なら、「ちょっと足りないけれどまあいいだろう」とつい妥協してしまうところも、障がい者は基本を崩さず、厳格に守り通します。その点も良いものができる理由です。自分の子どもはまったく何もできないと思っていた保護者が見学に来て、ここまでできるのだと驚いたり感心したりする場面に私たちは何度も立ち会ってきました。

ただし、分担して任せた仕事も、意味が分からないままでは1日や2日は教わったまま手を動かしてもやめてしまいます。「こうやりなさい」と教えただけのものは、絶対に続きません。それは利用者の心がついてきていないからです。できる仕事の発見だけでなく、その意味や楽しさをどうやって伝えるのかが私たちのテーマでした。売れる商品をつくりたいと、私たちが前のめりになってしまっては利用者はついてくることができません。利用者の心が育つことを辛抱強く待つことが必要でした。やさしいところからスタートし、それができれば利用者にも満足や喜びがあります。しかし、いつまでもそれでは飽きてしまいます。飽きる前に少しだけステップアップして新しい要素を入れていくようにしました。一人ひとりの興味や学びの定着を見ながら仕事を変えていくことで楽しいという気持ちを維持していきました。

自分が担当している作業が全体のなかのどういう工程なのか、それを理屈でつかむことは利用者の全員にできるということではありません。しかし仕事を分担しながらパンやクッキーをつくりそれを販売していくと、その流れを理解する利用者が意欲的に作業に取り組むので、施設全体の空気が明るくなります。これは始める前は予想できなかった変化でした。すると言葉が喋れず、製造や販売の細かい流れやつながりが理解できない利用者でも、事業所全体の活気を感じ、自分もその雰囲気のなかで毎日仕事をすることが楽しくなり、その結果さらにみんなも楽しそうに過ごすということが経験を通して分かっていくようになります。毎日の目標がはっきりして、それが生きがいになっていきました。そうなると、周囲のいろいろな変化にも心が揺れません。人間関係や周囲とのコミュニケーションの失敗でつまずくこともなくなります。頼もしい存在に変わっていきました。一つのものを創造していくことの成果が見えてきました。

工賃６万５０００円を達成

パンやクッキーに引き続き、お弁当づくりもしましたが、お弁当は食中毒の心配があり、食品衛生責任者の配置や営業許可の取得、水質や衛生関係の対策などいろいろな準備が必要です。私自身が教員時代に覚えたノウハウもあり、一つずつすべてクリアしてスタートできました。パンのときと同じように最初は自分たちのお昼として利用し、少しずつ販路を広げ、最終的には毎日３００食以上を売り上げる事業へと育てたのです。

私たちの事業所のパンやクッキー、お弁当の製造販売は町や市、地元の学校や企業、さらに地元住民の応援もあり、なにより商品としての完成度の高さから、着実に成果を上げていきました。工賃も少しずつ上昇し、一人あたりの月平均工賃が６万５０００円を超えるまでになりました。厚生労働省が発表した２０２１年度のＢ型事業所の全国平均の月額工賃が一人あたり約１万６５００円です。それの４倍近い数字です。

工賃が増えると、利用者の表情も明るくなります。自分自身でその金額の意味がつかめなくても、保護者が「すごいね、こんなにもらっているんだ」と驚いたり褒めたりするので、それが伝わり表情に表れるのだと思います。親子の信頼関係も厚くなります。

利用者には銀行の通帳をつくるように勧め、しっかり貯金して、そのお金で旅行に行ったり楽しいことをしようと誘ったりしています。働いてお金を得て、貯金して、それを使って楽しんで、また頑張って働いてというリズムが利用者の自立を支えています。

累計60人が一般就労

施設内でしっかりと働く習慣ができていくことで、利用者の就労の幅も広がっていきました。利用者が真面目に努力する姿は知的障がい者に対する地域の理解を促進するものとなり、例えばクッキーを納めていた企業から清掃作業の依頼があり、施設外就労契約を結びました。社会福祉法人と一般企業が法人同士で契約を取り交わし、社会福祉法人が利用者を派遣するものです。利用者にとっては一般就労へのステップともなるもので活躍の場が広がります。この仕事がきっかけとなり、その後、施設外就労契約を結んだ企業は５社に広がり、施設に対する理解はもちろん工賃アップにも大きな効果をもたらしました。

私たちの事業所は就労継続支援Ｂ型の事業所であり、就職を目指したが実現しなかった人、就職したことはあるが継続できなかったという人を対象としています。しかし施設内での作業を通して規則的に就業する習慣や力がついた利用者には、改めて一般企業への就労に向けた後押しをすることにしました。施設外就労を経験してもらうことも一つのステップですが、就労継続支援Ｂ型だけでなく、新たに就労移行支援業務を事業所のメニューに加え、所定の２年間の訓練で地元企業への就職をバックアップすることにしたのです。

就職が叶えば施設利用者はその分だけ減ることになり、事業所としては新しい利用者を迎えなければ減収になってしまいます。しかし利用者の一般就労は障がい者の自立という意味で大きな成果であり、送り出す施設としては何にも勝る喜びです。本人の毎月の収入もまったく違いますし、それだけの対価が得られるということは、自身の仕事の高い価値が認められたということであり、大きな自信につながります。これまで私たちは累計で約

60人の一般就労者を送り出してきました。そのなかには就職以来、定年まで勤め上げた人もいます。

養護学校の教員時代、私は一般の高校生の多くが専門学校や短大・大学に進学していくなかで、養護学校の生徒にはハードルの高い一般企業への就職に挑戦するか福祉施設に行くかという二者択一しかないことに疑問を感じていました。養護学校からすぐに一般就労に向かうことは簡単ではありません。しかしだからといって福祉施設しか行くところがないというのでは、一般就労は遠のくばかりです。養護学校のあとに一般企業への就職が準備できる教育機関があってしかるべきではないかと思っていました。私がこの事業所で新たに始めた期間2年間の就労移行支援事業は、その思いを受けたものです。国の制度上、福祉の枠のなかに位置づけられていますが、本来は福祉ではなく教育として提供すべきものではないかと考えていました。いずれにしても、養護学校から一般企業へと就職するための橋渡しは、私が手掛けたいと思っていたことの一つです。それが少し形を変えて実現しました。

もっとも一般就職したといっても障がいがすっかり消えてしまったということではあり

ません。障がいがありながらも職場に適応してストレスなく働くことができるようになったということです。就職したからといって、あとは一人で乗り越えていきなさいと手放してしまうことはできません。そこで、就労後も就職した人たちの集いの場として「アフターフォローの会」を行っています。就職者同士の集い・食事会・悩みを語る会・旅行、お酒の飲み方や化粧の仕方、また保険や貯金などの利用者からの希望による学習会も開催しています。就職先企業とハローワーク、私たちの三者で障害者雇用連絡協議会をつくり、定期的に集まって就労状況を確認し、必要なサポートがあればそれを実施したり、事例をめぐる勉強会などを行ったりしてきました。

　ある就労者は庭の清掃業務に就くことになっていたのですが、実際に始めてみるとなかなかうまくできません。そこで協議会で検討、むしろ生産現場のライン作業のほうが良いのではということになり、本人もチャレンジしてみたいということで異動しました。すると今度はしっかりと働くことができ、就労を継続することができたのです。

　また、一般就労者を送り出すことが増えたことから、社会福祉法人設立12年目となる２００９年に新たに職場適応援助者（ジョブコーチ）支援事業を始めました。ジョブコーチと呼ばれるのは国が定める研修を修了した専門員で、障がい者の職場適応に課題がある場合、その企業に出向いて支援を行います。障がい者が手にした一般就労の機会を活かし自立への道をしっかりと進んでいけるように社会福祉法人としても支援業務をメニューに加えました。これも利用者の自立支援の有力なメニューの一つとなっています。

誰が何をしているのかを発信

障がい者の自立を目指して、さまざまな創作活動や物の製作を行い、また、一般就労の道を拓きながら、他方で私が心掛けてきたのは、障がい者を受け止める社会の側の偏見や不安、警戒心を取り除くことです。それを同時に進めなければ、障がい者の自立は絵に描いた餅に終わってしまいます。

障がい者福祉施設の新たな建設と運営が、多くの場合、周辺住民への不安や警戒を招いてしまうことは事実です。それを「差別だ」「偏見だ」と切り捨てることはできません。

人は誰でも接する機会がほとんどなく、健常者と同じようなコミュニケーションが取れない人を前にすれば不安になり、警戒心が高まります。それを頭ごなしに否定することはできません。しかし、だからといって施設が外部に閉じた存在になってしまえば、垣根はいつまで経っても取り除くことができず、自立の道も拓けません。

私はまず利用者の創作したものをできるだけ外に示すことを考えました。誰がどんな絵を描いているのか、どんな物をつくっているのか、人と作品を示すことが、無用な不安や警戒心を解くことにつながるからです。利用者が楽しいと思える創作活動を見つけられるようにする一方で、発表会や展覧会を積極的に開くようにしました。特にアートの分野では、現在野木町長の真瀬宏子氏の自宅を訪問し「アート教室」を開催しました。町長の自宅での展覧会は多くの人に見てもらい利用者の喜びと成長につながりました。また、野木町で絵手紙クラブ活動を展開していた内山さんが息子さんとともに絵手紙クラブを展開してくれました。毎年絵手紙カレンダーを作成し多くの人に見てもらい、指導者は代わりましたが現在もカレンダーの制作と販売会は継続されています。さらにパンやクッキー、お弁当などもメーカーの商品と遜色ない物をつくって施設外に流通させることを大きな目標として進めてきました。それも、単に収入を得て一人ひとりの工賃のアップにつなげるという意味だけでなく、施設内で誰が何をしているのかを外に向かって発信するという意味をもたせたものでした。それが少しずつ地域社会との距離を縮める役割を果たすからです。

パステル祭りと公開セミナー

最初の施設をオープンしてすぐに始めた「パステル祭り」も、ここで誰が何をしているのかを紹介するためのイベントです。利用者の作品を展示したり模擬店を出したり、誰でも自由に参加できる学校の文化祭のような催しとして行いました。

保護者会やセルプネット21として私たちを応援してくれる人たちもカレーショップを出すなど積極的に協力してくれ、回を追うごとに規模が大きくなっていきました。地域の人にも広く参加を呼びかけ、この機会に障がい者と触れ合ってもらい、また施設の中も見てもらいたいと思っていたので各事業所でも同様のお祭りを定期的に開きます。会場が手狭になり町の文化会館を借りて実施することもありました。

また職員の研修の目的で「パステルセミナー」を法人設立翌年の1999年から毎年定期開催してきました。職員による実践報告がプログラムのメインで、「セルプ花が美術館になる」「パン・ケーキづくりの実践報告」「新たな地域福祉の実践」など毎年さまざまなテーマで、その年の集大成として開催し、これまで1回も欠かすことなく実施し25回を数えています。コロナ禍のもとでは一般公開による開催ができませんでしたが、リモートで行われた2020年の第22回は、2018年から3カ年計画で進めていた強度行動障害がテーマとなりました。強度行動障害のある方々へ対応する基礎知識は以下のとおりです。

一　強い刺激を受けた環境調整を考えましょう
二　言語理解に配慮したコミュニケーションを広げていきましょう
三　個々に安定した小集団での生活を見つけ出していきましょう
四　約束を話し合って決めてから行動に移しましょう
五　本人が理解しやすいプログラム（持続できる）の構造化を作りましょう
六　セルフコントロールをする力に結び付ける工夫をしましょう

また全体としては、「～あきらめない支援～一人ひとりに応じた意思決定支援の実践～」を大きなテーマとして掲げていました。「あきらめない支援」は具体的には「ケアするとは、愛情と技能の両輪である。愛情と技能は、新たな発見を生み出しケアする側もケアされる側もお互いの人格を高め合うことである」といった内容です。第23回は「誰ひとり取り残さない～福祉ＢＣＰの策定～」をテーマに、今後3年計画で研究実践を行う福祉ＢＣＰ（事業継続計画）への取り組みの初回として開催しました。

パステルセミナーも地域の人を対象に公開開催しているところが大きな特徴です。地域の社会福祉法人が内部の活動報告や研究成果の発表を公開で行うのは非常に珍しいのではないかと思います。しかし私たちは、地域に根ざした存在であるために公開を前提として、地域で福祉を学び、語り合う機会にしたいと考えてきました。確かに実践報告の内容は障がい者福祉に関わる専門的なものですが、障がい者は施設の中だけの存在ではなく社会のなかの存在です。障がい者福祉に関するさまざまな考察は、施設内部に限定されるものではありません。そのため会場も地元の公民館や文化センターを借りて実施しています。

８００席の大ホールで開催したこともありました。職員による報告に加えて福祉の世界で活躍されている著名な方を招いて講演をお願いしたり、一般就労した人からの近況報告や雇用側の企業からの報告をお願いしたり、利用者による音楽やダンスを披露したりするなど毎年のプログラムは盛りだくさんです。

またこの公開セミナーは地域で福祉に携わる行政の関係者や各企業の人事担当者、福祉に関する研究者、さらにはボランティア活動などを通して福祉に携わる一般の住民など、毎回、地域から多くの方が参加しています。この場での出会いや交流から新たな福祉施策が生まれたり、研究テーマが見つかったりすることもありました。市や町の行事や企業のイベントなどで私たちの施設でつくっているものを使ってもらっているのも、こうした機会での交流の積み重ねによるものです。

駅伝大会にも参加

セルプ花創設当時から「マラソンクラブ」を結成し走っていました。私も学校時代から走っていましたので自立心は「心と体の健康から生まれる」と信じていました。野木町でマラソン活動を展開していた佐々木耕助さんが仲間を連れて駆けつけてくれ、それ以来走り続け立派なマラソンクラブとなりました。

地元の町が主催する駅伝大会にも出場を続けました。50年の歴史がある伝統的な大会で、小学生から社会人までさまざまな編成で毎年40チーム以上がエントリーし、合計で200人以上のランナーがたすきをつなぎます。

私たちも出場を申し込んだところ、当初、運営者である町は「障がい者が大会に出て大丈夫ですか」と受け入れに慎重だったのですが、マラソン部で日頃から走っている利用者も多いことなどを説明、参加を受け入れてもらいました。

出場チームは、多いときで3チームです。1チーム目はマラソンクラブで編成され、2

チーム目は新人職員によるチームです。3チーム目として壮年層のチームで参加したこともありました。

パステル初めての海外旅行のハワイでも走りました。到着したその日は、ホテル挙げてのボランティアによる前夜祭でした。ハワイの皆さんは、ハワイアンの踊りを披露してくれ、パステルの仲間は、１５０枚のよさこいハッピを持っていき全員でよさこいを踊りました。その翌日がホノルルマラソンでした。夜中にアメリカの国歌が流れます。初めに競技用車椅子ランナーが走り、その後、マラソンランナーが走りだしました。ランナー以外のパステルのメンバーは10キロウォークに参加しました。

独自のボランティア活動も推進

福祉施設というと、むしろボランティアに助けてもらうところと思われがちですが、私たちはまちに暮らす一員として、まちの人々とともに社会貢献活動を担っていきたいと考えています。

独自にボランティアチームをつくり、道路に設けられているカーブミラーの清掃や施設周辺の清掃、渡良瀬遊水地のヤナギ・セイタカアワダチソウ除去作戦への参加、台風来襲に伴う浸水被害からの復旧・復興支援などを積極的に担ってきました。そのほかにも、小中学校の社会体験学習の受け入れ、特別支援学校の職場実習の受け入れ、公立学校教員の研修の場の提供、生活困窮世帯の児童・生徒への学習の場の提供なども行っています。

ミュージック・ケアも私たちが展開するボランティア活動です。

ミュージック・ケアというのは、乳幼児から高齢者まで、すべての人が心や体を音楽に乗せて刺激して楽しくいきいきとした時間を過ごす音楽療法です。ミュージック・ケアの資格をもった職員がキャラバン隊を結成し、各事業所で毎月セッションを行いました。また、本物の楽器を使った利用者によるエア・オーケストラを組織し、練習した曲の発表の場として、地元栃木県の障害者文化祭やミュージック・ケア全国大会などへ参加したり、外部からの招聘《しょうへい》を受けて高齢者のデイサービス施設や市の「親子ふれあいサロン」、県のダウン症協会などに出向きミュージック・ケアの実践セッションを定期的に行ったりしてきました。

理解してくれるのを待ち、不安や警戒心がなくなるのを待っていても、それは実現しません。外の社会はこちらに向かって積極的に開こうとはしないからです。いかに私たちが外に向かって開くか、そのマインドをもち、私たちを知ってもらう工夫を重ねることが差別や偏見をなくし、それが利用者の自立を後押しするものになります。

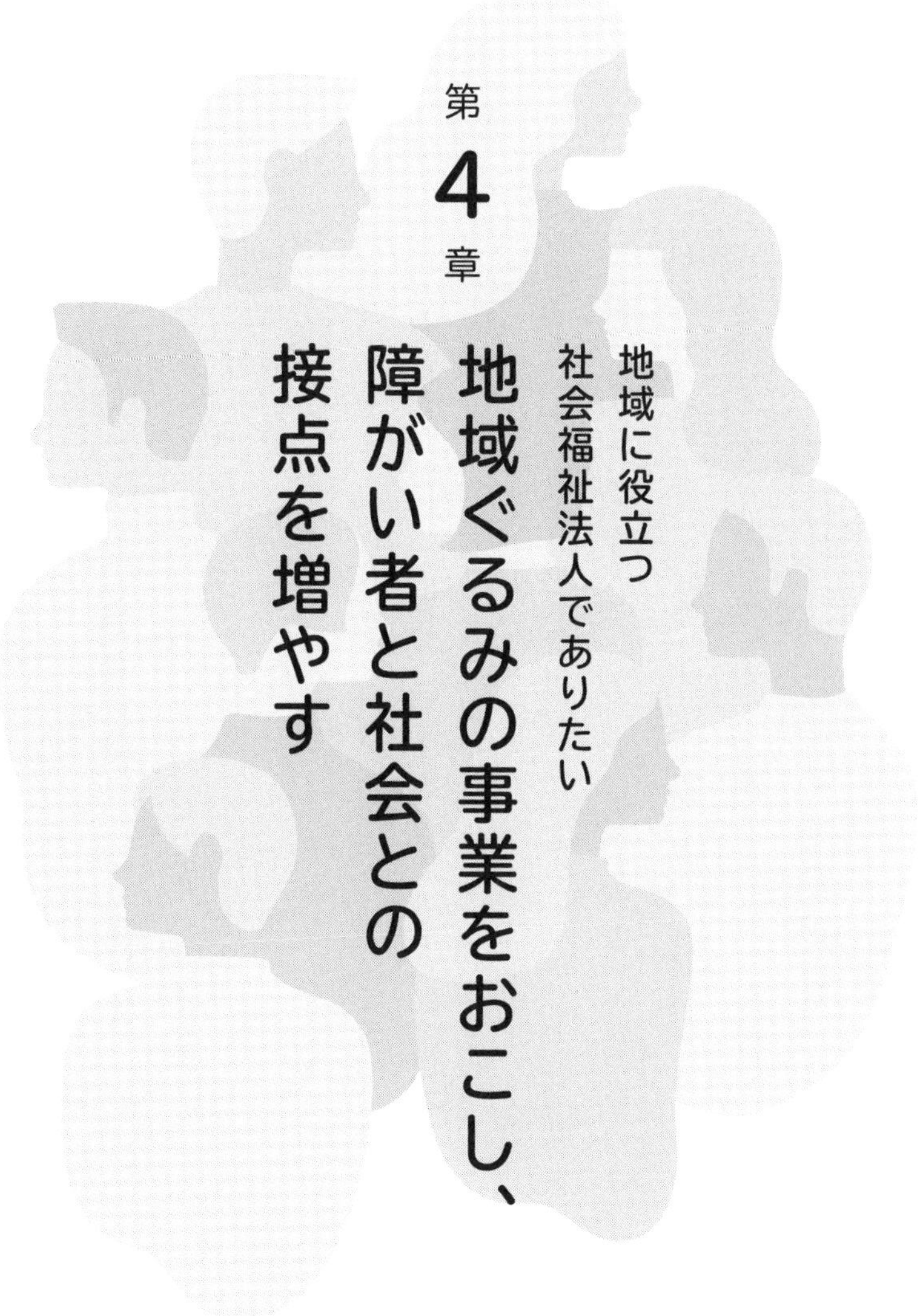

第4章

地域に役立つ
社会福祉法人でありたい

地域ぐるみの事業をおこし、障がい者と社会との接点を増やす

地域から始め、地域のなかに存在し続けること

私たちの社会福祉法人経営の第1のキーワードは自立でした。その人らしい自立の道を探りだすことです。自らの生み出すもので収益を上げていくこと、そして利用者の一人ひとりがそれぞれの個性を活かし、自分の力で人生を歩んでいくことです。その実現のために私たちはさまざまな活動を展開してきました。そして自立に次ぐ経営の第2のキーワードは地域です。

２０００年に社会福祉法が抜本的に改正され「地域福祉」という言葉が登場し、障がい者福祉は、障がい者を含む多様な人を内包しながら、地域を構成するすべての人の手でつくられなければならないとされたことは画期的なことでした。福祉は国からの一方的な救済ではありません。地域住民が誰ひとり取り残すことなく助け合う福祉社会としてつくりあげなければならないものです。そしてその中心で大きな役割を担うのが地域の社会福祉法人です。誕生2年後の２０００年、大きな転換点に立ち会った私たちも、この新たな理

念のもとで社会福祉法人を経営していかなければならないと考えていました。

桑とともに生きてきたまちとして

「地域住民が互いに人格と個性を尊重し合いながら、共生する地域社会を実現する」という社会福祉法の新たな考え方のもと、私たちは社会福祉法人として、この共生社会をどのようにつくっていくのかを考えました。単に「私たちも地域の一員です」と存在をアピールするだけでなく、地域の現状と未来を自分のこととして考え、地域を構成する一人として地域の人とともに共生社会をつくっていかなければならないのです。

 では共生社会とは何か、どうしたらできるのかと考えたとき、まず必要なのは共通の地域社会像だと思いました。その共通イメージ、共通の言葉がなければ、ただ同じ土地にいるというだけにすぎません。

そう思って周りを見渡して気づいたのが、地元の小山はかつて桑村、絹村と名付けられた土地を擁していたほど養蚕が盛んで、日本が誇る結城紬の本場であったということです。鬼怒川もかつては「衣川」であり「絹川」でした。

結城紬は養蚕地帯と呼ばれた北関東の、そのなかでも現在の小山市のある栃木県南部で生産されている高品質の絹織物です。長く受け継がれ、糸つむぎから機織りに至るまでのすべての工程において手作業による伝統的な技法が守られているとして１９５６年に国の重要無形文化財に指定されています。さらに２０１０年には歴史に残る最古の絹織物としてユネスコの無形文化遺産の一つとして登録されました。染織部門での登録では新潟県の「小千谷縮・越後上布」に次いで日本では2番目です。

結城紬の名前は室町時代に、地元の結城家から幕府への献上品として紬織りが使われたことから結城紬と呼称されるようになったそうです。その後も結城紬がこの地に長く残ったのは鬼怒川の氾濫が肥沃な土地をつくり、桑の栽培に適していたこと、また、鬼怒川の豊かな水が織物や染物に欠かせなかったからだといわれています。結城紬は小山の誇る重要産業なのです。

結城紬の特徴は、国の重要無形文化財の指定理由にもなった丁寧な手作業の積み重ねにあります。絹糸は繭を広げて真綿にして手で紡ぎます。そのため縦糸も横糸も撚《よ》りのかからない糸になり、その糸を使って織ることで、軽くて柔らかく、空気を含むために暖かい布が出来上がります。また、結城紬は縦糸に横糸よりも太いものを使うため、目の詰まった布になり、身にまとったときの印象がすっきりとして美しいといわれます。結城紬は日本一の品質を誇った銘品であり続けてきました。

しかし、残念ながら産地としての面影はもうありません。結城紬の生産量（検査反数）は１９８０年の約３万１０００反をピークに減少が続き、２００８年には初めて５０００反を割り込み、２０１１年には約２０００反、２０１９年にはついに１０００反を切って９６０反にまで落ち込みました。わずか40年で生産量はピーク時の約３％にまで激減してしまったのです（下野新聞 電子版、２０２０年11月15日付）。最盛時は３００軒以上を数えていた桑地区の養蚕農家も、最近では5軒にまで急減しています。

見渡す限り桑畑が広がっていたかつての小山周辺の風景は、地元出身ではない私にも確かに記憶にありました。春の葉の艶やかな緑は本当にきれいでした。しかし今、桑の姿はまったくありません。あるのは耕作放棄地の荒れた姿です。少しでも桑の木や桑畑のある風景を復活させ、桑を活かした養蚕や絹織物、桑の葉を使った食品の開発などを進め、この土地ならではの桑の文化を復活できないものか、それはこの地域の共通財産となり、地域社会創生の原動力になるのではないかと思いました。

養蚕には多くの学びがある

しかも養蚕は蚕という生き物を扱います。毎日元気に育っていく様子を見守りながら命の大切さを学び、命の結晶ともいえる繭を使わせていただく――蚕一頭一頭の小さな命を大切に育てていくことを基礎にしなければ成り立たない養蚕は、障がい者はもとより、子どもにとっても学びの場として大きな価値をもつものです。

さらにかつての結城紬の生産は、近代的な工場で行われるようなものではなく、家族で取り組むものでした。住まいの2階でお爺さんが蚕を育てて繭を取り、お婆さんが糸を紡ぎ、ご主人が絣《かすり》括りと呼ばれる染めの準備をして、お嫁さんが機織りをする――家族が力を合わせることでものが出来上がっていったのであり、それは今の社会が失ってしまった風景であり文化だということができます。比較的温暖な気候や四季の移ろい、日照や水に恵まれた日本は、自然の豊かな恵みとの関わりのなかで生きる糧を得てきました。そのための労働は家族や地域の人々の助け合いに支えられてきました。日本人は自然との関わりのなかで、命の尊さや命の輝きという自然の摂理と、家族や社会のなかでお互いに支え合うという生き方を学び、独自の文化を築いてきたのです。養蚕は日本の文化の原点を形づくっているものの一つです。

　しかしそれが農林漁業といった一次産業の衰退のなかで失われつつあります。今の日本の大きな問題です。家庭で身近に養蚕業が営まれていた時代に戻れというのではありません。しかし、この地域にはそういう産業の伝統があり、そのなかで家族の助け合いや、命を大切にする伝統が育まれてきたということを、桑を入り口に振り返ることができたら良いのではないかと思いました。養蚕や桑の葉や実を活かした新たな事業を創造することができれば、地域の伝統の復活ということにとどまらず、この地域らしさを振り返り、命の尊さや家族の絆、広く日本の伝統文化を改めて考えさせてくれるものになります。桑でまちおこしをしよう、それを地域の社会福祉法人として積極的に担っていこうと思いました。桑の木が豊かに育ち桑畑が大きく広がる原風景を取り戻し、伝統産業である養蚕を継承するだけでなく、桑の葉や実を使って新たにこの地域らしい商品をつくりたいと考えたのです。

もちろん園芸や栽培の比較的簡単な野菜づくりの経験はあっても、蚕を扱う養蚕業がすぐに開始できるとは思えません。利用者がどこまで担えるか、また必要な設備を整えるには資金も必要です。まずは桑の葉の活用から考えてみようと思いました。

「桑のミクスプロジェクト」を始動

さっそく桑の葉を使って何ができるかという研究を進めました。これまで私たちは各事業所で地域の食材や地域ならではのデザインを取り入れたオリジナルのクッキーやパンの開発や製造を進めてきています。こうした新規開発は得意であり、実績もあります。また、たまたま数年前に「桑苗の品種改良がうまくいって人が食べられる桑の葉ができた」という農家からの情報もいただいていました。もともと桑の葉は古くから漢方の生薬として使われ、最近では科学的な分析も進み、カルシウム、マグネシウム、鉄分などのミネラル類や食物繊維が豊富であることや、血糖値を下げて糖尿病を予防、高血圧の抑制や動脈硬化予防、糖の吸収抑制によるダイエット効果など、健康増進に高い効果があるという報告も行われています。

私たちの法人内にプロジェクトチームをつくり、葉を蒸したり、電子レンジで加熱したりしながら癖をつかみ、活用方法を探っていきました。

最も応用が利くのは、葉を乾燥させたうえで細かいパウダーに加工することでした。こうすればさまざまな素材と合わせることができます。本格的な乾燥機や製粉機は手元にありませんから地元の製粉会社に借りてまずパウダーを製作、それを使ってパンやケーキ、うどんやパスタを試作しました。また、桑茶、さらに桑の実のマルベリーを使ったジャムも開発、桑の草木染なども試して実用化できることを確認し、想像以上にいろいろな可能性を発見しました。プロジェクトチームはこうした検討や議論を踏まえて「桑のミクスプロジェクト」計画の原案を次のようにまとめています。

（1）プロジェクト設定の理由

結城紬の原点である桑畑の原風景が失われつつある

その桑の木を使った商品開発をすることによって地域の文化の継承になるのではないか。高齢者も障がい者も地域のなかで仕事の共有ができるのではないか。障がい者にとっても桑の木の栽培は野菜より扱いやすい

（2）目的

桑の木を通して、地域で働きにくい方々とともに働き、生活力および経済力を付ける。地域の文化の継承を担う

（3）具体策

①商品開発

・桑の木の栽培、桑の実のなるベリー種の栽培からジャムをつくる

・桑茶、パウダー、菓子（ケーキ、パン、クッキー、ベーグル等）

・うどん、桑を中心とした草木染、和紙

②専門家の導入

・桑苗業者、製茶業者、各種専門業者の指導によって商品開発を行う

・商工会議所による指導援助（地域力を高めるための商品開発事業）

③農地法第3条による農業法人の認可

（4）方向性

・現在の実践

500本の苗木の植栽、ベリー種の植栽、パウダーの試作、菓子製造への試作、製茶の準備

・方向性

地域の方々の意見から試作のステップを踏むことができた。今後の私たちの農業は、地域に根差した農業であり、そこに多くの方々が関わり、その一員として障がい者もいる。

私たちの事業所もある。そんな風景のなかで安心・安全・生きがい感のある人生をともに送れるソーシャルファームの実践が待っているのではないか

桑のミクスプロジェクトの名前は、２０１２年暮れに第２次安倍内閣が表明した経済政策「アベノミクス」にならったものです。目的と具体策は前ページのまとめにあるとおりで、桑のミクスも３本の矢で成り立っています。第１の矢は桑を中心としたこの地域ならではの商品開発、２本目の矢は障がい者も高齢者も、すべての人が働ける場の提供、そして３本目は、地域を拓くという目標の実現です。

桑のミクスプロジェクトの最大の特徴は、社会福祉の枠のなかに収まらない事業計画であることでした。障がい者のためのものではなく地域全体の創生事業です。私たちは社会福祉法人として初めて福祉の外に出て手掛けるプロジェクトをスタートさせることになったのです。

プロジェクトチームは具体的なさまざまな施策への取り組みに先だち、桑のパウダーを使って試作したオリジナルのシフォンケーキを小山市に持ち込み、評価を聞くことにしましたが、もし桑にちなんだ市のブランド商品として採択してもらえれば「小山といえば桑」という認知を広めることにつながり、今後のプロジェクトの展開にも弾みがつきます。市の商業観光課を訪ねました。

結果は上々で「市のブランド品としての採択」という希望こそ叶いませんでしたが、むしろそれ以上の成果がありました。市は一個のシフォンケーキのことより「桑のミクスプロジェクト」に大きな関心を寄せ、「非常に興味深いプロジェクトだと思う。ぜひ地元の商工会議所に相談してはどうか。おそらくいろいろな支援も提供してくれるのではないか」とアドバイスをくれました。さっそく小山商工会議所を訪ねました。商工会議所でも地元の特産品の開発や育成につながるものであり、ぜひ自分たちも加わって本格的に取り組みたいと声を掛けてもらいました。中小企業庁の補助事業で日本商工会議所が窓口になって進めている「小規模事業者地域力活用新事業全国展開支援事業」に推薦するから、応募してみてはどうかという提案をしてくれたのです。それを勧めてくれたのは、当時の大関幸秀専務理事でした。その後、大森武夫会頭にもお会いして当事業に期待を寄せているると励ましの言葉をもらいました。

この中小企業庁の事業は地域の小規模事業者が地域資源を活用して新たな特産品開発や観光開発、地域の課題解決のために行うコミュニティービジネスに関する取り組みを総合的に支援するもので、補助金も支給されます。さっそく応募したところ、日本商工会議所の推薦も力になって支援対象事業として採択されることになりました。事業資金の乏しい社会福祉法人にとってこの援助は非常に有り難く、その後の桑のミクスプロジェクト展開に大きな弾みをつけるものになりました。

6次産業化総合化事業の認定も取得

さらに、国が進める「6次産業化総合化事業」の一つとして支援を受けることもできるのではないかというアドバイスもありました。

6次産業化というのは、1次産業の農林漁業と2次産業の製造業や加工業、3次産業の小売やサービス業のそれぞれを一体で進めることで、生産から販売までを共通の目標のもとに推進し、付加価値の高い新事業を生み出そうという取り組みです。1次産業だけでは市場のニーズがつかみきれず、加工や販売に関する知恵も出ません。1次、2次、3次の各産業がスタートから一体となり、しかも単なる足し算としてではなく掛け算になって新たな価値を生むことを目指すという意味から、1×2×3＝6次産業化という名称が生まれました。農林水産省が進めているもので、この事業に認定されれば、無利子の資金融資や事業実施についてのアドバイス、事業に関連する施設整備に関する補助金も支給されます。ぜひ認定を受け、桑のミクスプロジェクトに力をもらいたいと思いました。

ただしこの総合化事業が対象として想定しているのは農家や漁業者で、実際、申請できる事業主体は「農林漁業者（個人・法人）か農林漁業者の組織する団体」と定められていました。社会福祉法人が農地を使って農家のように生産し、収穫物を加工して商品に仕立て上げ、さらに販売するというすべてを担うことは想定されていません。そこで農地の権利移転などを定めた農地法3条に基づく農業法人の認可を新たに取得することにしました。そのうえで、商工会議所や地元の行政のアドバイスももらいながら桑の栽培から加工、桑を使ったオリジナル商品の製造・販売までを行う「桑のミクスプロジェクト」企画を改めてまとめ、これをもって農林水産省に6次産業化の申請を行ったところ、ほどなく認定を受けることができたのです。企画の内容は桑の葉をテーマにした桑茶・桑パウダーとパウダーを原料とした桑うどんでした。

社会福祉法人の枠のなかだけで発想していてもアイデアは広がりません。また社会福祉法人であるために発生する活動上のいろいろな制約もあります。しかし、諦めてしまうのではなく、何をしたいのかという出発点の意志を忘れず、周囲の人も巻き込んで考えていけば解決策はあり支援も得られる――桑のミクスプロジェクトの想像をはるかに上回る支援の広がりは、このことを教えてくれるものでした。

第1回の6次産業化は２０１５年でしたが第2回の6次産業化は、２０２１年に申請をしました。内容は、桑の木の品種ララベリーの実からつくった桑の実ジャム・桑の実アイスクリームを対象としました。現在認証を受けて商品開発を実施しています。

市も独自のプロジェクトで参入

援軍はさらに登場しました。最初にシフォンケーキを持って訪ねた小山市です。

桑のミクスプロジェクトのスタートを見て、市も伝統産業としての結城紬を復興させ、それを核に地域振興に取り組むことにしたのです。市はそのための独自のプロジェクトをスタートさせることになり、私たちもそれに加わりました。

２０１３年３月に市が策定した第１期「本場結城紬復興振興５カ年計画」では、「魅力ある質の高い商品の開発と生産」「生産者数の維持と時代に即した生産体制の見直し」「後継者の確保・育成」を３本柱としたアクションプランが作成され、終了後も継続して第２期「本場結城紬復興振興５カ年計画」へと引き継がれています。

また、この事業と並行して小山市は、国が展開する「まち・ひと・しごと創生総合戦略」を受け、２０１７年から「桑・蚕・繭・紬・和装・和食――地域資源で紡ぐ日本の伝統を生かした総活躍のまちづくり事業」（期間３年）を推進していきました。同事業は「障がい者への就労の場の提供」を含め、次のように目的を定めています。

「この事業は小山市の伝統ある地域資源を生かした養蚕業や本場結城紬産業の振興のため、『桑の葉・桑の実』を活用し新たな特産品の開発を推進するとともに、障がい者等に就労・活躍の場を提供する農福連携事業として実施することにより、桑・蚕・繭・本場結城紬に至る一貫生産による地域の伝統産業に携わる人材の育成・確保とそれらを統合した

『和装文化』並びに『和食文化』を合致させた地域経済の活性化を図る……原料となる桑の木の増殖に取り組み、商品開発及び生産環境を整え、次年度以降の本格的な事業展開につなげる」と謳われたのです。

さらに市では毎年9月8日を「クワ（桑）の日」に制定、市を挙げてさまざまな取り組みを進めていくことにしました。

私たちが考案した桑のミクスプロジェクトが一つのきっかけとなって、障がい者雇用も含む市としての大きな取り組みに発展したことは、私たちにとって大きな喜びでした。「まちのまん中」で共生社会創造の役割を担いたいと考えた私たちの取り組みが、目に見える成果を上げ始めたからです。

桑のミクスプロジェクト開始当初はまず私たちの施設の庭に30本といった形で桑の苗木を植えていたのですが、その後は市の援助により、8年にわたるプロジェクトの展開のなかで耕作放棄地などを新たに確保しながら植樹を重ね、1万3000本の苗木を植えてきました。まったくのゼロからここまで桑の木を増やすことができたのは、私たち単独の発案や実行によるものではなく、国や市、地元経済界、市民の強い思いがあったからです。

私たち自身が大きく前に出て、その中心メンバーとして新たな共生社会をつくりあげていくという試みは、大きな広がりを見せながら上々の一歩を踏み出しました。

養蚕部を設立、本格的な事業展開へと進む

桑の葉や実を使ったさまざまな商品の開発は試行錯誤を続けながらも、堂々と販売できる地域名産の商品としてバリエーションを広げていきました。

桑の葉うどんは桑の葉からつくった桑パウダーと栃木県産の小麦粉を配合したものです。ほかにも桑パスタ、桑茶クッキーや桑パウンドケーキ、桑塩、桑茶、桑飴、生ジュースなどをつくりました。また、桑の実はジャムやお酒、スイーツなどの原料として活用しています。さらに桑の葉を使った草木染や和紙の製造も行いました。

利用者ならではの丁寧な仕事ぶりは、桑を扱う仕事でも大いに発揮されました。例えば桑うどんやパスタの原料となる桑パウダーは摘んできた桑の葉をしっかりと洗い乾燥機に

かけたものを一枚ずつ丁寧に揉み、パウダー機にかけます。桑パウダーはいろいろなものに使うことができます。また桑茶用に葉を摘むときは、朝5時に集合して葉を一枚一枚手で丁寧に摘んでいきます。それによって茎などが混じらない上質の商品が生まれました。ブルーベリーよりも小粒の桑の実は収穫が大変なだけでなく、その一つひとつに芯があるので、それを取り除かなければおいしいジャムはできません。その作業も根気よくやってくれます。品質の高さは利用者の丁寧な手作業のたまものでした。

開発した商品は緑の色合いも美しく、クッキーなど菓子類の味も好評だったのですが、一つだけ予想していなかったことがありました。地元の人で、特に一定の年齢以上の人には「桑の葉は蚕の食べ物」という感覚があり、口に入れるにはなんとなく抵抗があるということです。言われてみて初めて気づきました。桑がそれほど養蚕に密着したものだったという証しでもあるのですが、こればかりは理屈では解決できません。おいしいから食べたいと思ってもらえるものをつくるしかないと改めて感じました。

また養蚕の復活という大事業についてもパステルが運営する多機能型事業所「フロンティアおやま」を中心に、利用者による取り組みを始めました。

養蚕業は工程が多く、また、蚕が順調に育つ環境の管理など技術的に難しい面も数多くあります。しかし、桑のまちづくりには欠かせません。虫が好きで、ぜひ蚕の世話もしてみたいという利用者を中心に新たに養蚕部をつくり養蚕業を営む地元農家から指導やアドバイスを受けたり、不要になった道具を譲り受けたりしながら小規模でスタートしました。

想像したとおり、生き物を育てるという仕事からは強い責任感が生まれ、利用者はそれまでにもましていきいきとした表情で仕事に励みました。徐々に人数も増やし、少しずつ飼育場所や設備を拡充した結果、スタート当初２７００頭だった蚕の飼育数は、８年を経る頃には７万５０００頭の蚕を扱うまでになったのです。

また繭の生産だけでなく、紬織物技術支援センターの専門家による指導を受け、利用者が繭から紬糸を取り、紬織物ならではの風合いの優しい手織物を製作することもできるようになりました。

利用者の熱心な取り組みによって繭の品質が非常に高くなったことも、私たちが手掛けた養蚕業の特色です。２０１５年の事業開始から毎年出品している茨城県笠間稲荷神社の献穀献繭祭《けんこくけんけんさい》（その年に収穫できた穀類や繭を神様に献上するお祭り）では、２０２０年の献繭の部で「第1位賞」と、そのなかでも最高賞に当たる特別賞「大日本蚕糸会頭賞」を受賞することができました。プロの養蚕農家以外では初の最高賞の受賞です。翌年も「第2位賞」と特別賞の「笠間市議会議長賞」を受賞するなど安定して高品質の繭をつくり続けています。こうして、桑のミクスプロジェクトは、大久保寿夫前小山市長をはじめとして、福祉課・農政課・工業振興課と一体になって進めてきました。またJA小山の須藤氏は養蚕への深い愛情と情熱で指導をしてくれました。その他大日本蚕糸会から補助金をもらうなど本当に多くの人から応援してもらって今日があるのです。さらに、令和5年になり、つくば市の農研機構の小山朗夫先生と村上理都子先生にお願いして桑の木の栽培について専門的に指導を受けています。小山先生は桑の実の品種ララベリーを改良した新たな品種キラベリーをパステルに植栽してくれました。多くの人々の指導に感謝しながら、パステル職員・利用者とともに努力していこうと考えています。

工賃アップを実現。地域との連携も深まる

地域でつくる共生社会の新たな結集軸にと考えて始めた桑のミクスプロジェクトは、当初の私たちの予想を超える大きな広がりをつくることができました。まちの駅伝大会のときのように、地域の既存のイベントにあとから参加したのではなく、私たち自身が新たな共生社会の創造を目指して桑に注目し、独自にプロジェクトとして組み立て、先頭に立って地域の方々に提案して実現してきたものです。多くのアイデアが結集できたのも、また地域でたくさんの支援をいただくことができたのも、社会福祉法人設立以来積み重ねてきた「利用者がいつも笑顔で過ごし、地域と共にある」という理念に基づく経営でした。だからこそ桑をテーマに選び、シフォンケーキをつくり、農業と連携しながら地域の6次産業化として桑に関連するさまざまなプロジェクトを推進することができました。利用者の活躍の範囲は地域のなかでさらに広がり、販売拠点の増加は利用者の仕事先を増やし、売上増加は利用者の工賃アップにもつながっていったのです。

また新たな植樹の際はもちろん、桑の葉の収穫や折々の木の手入れなどの作業には常に地域住民や学校の生徒の姿があり、桑を通して地域との新たな連携も生まれました。毎年地域の小学生が校外学習の一環として施設を訪れ、農業班に所属する利用者や職員とともに桑の収穫や桑の実の摘み取りをしています。また、同じ時期に地域の民生委員や自治会長、自治会のボランティアも作業に参加、毎年合計200人以上が桑畑を訪れ、利用者を中心に世代を超えた交流を続けています。

共生社会を支えた農福連携

桑のある原風景を取り戻し、伝統をよみがえらせながら地域社会をもう一度築いていくという取り組みを支えていたのは農業と福祉が力を合わせた〝農福連携〟でした。地域における共生社会の創造というテーマにとって農業は重要な切り口であり、桑のミクスプロジェクトも、福祉が養蚕業を担うという新しい連携を前提にアイデアが生まれ、具体的に推進したものです。農福連携という視点は社会福祉法人が地域で活動していくうえで欠かせない視点です。

　福祉にとって、もともと農業は魅力的な存在です。利用者にさまざまな仕事を経験してもらいながら反応を見ていると、花を栽培したり野菜をつくったりしているときの表情は本当にいきいきとしていました。訪問学級を担当していたときに、車椅子が落ち葉を踏んで出す音が、障がい者の笑い声を引き出したことを思い出しました。自然のなかでその命に触れたとき、障がい者は驚くほど敏感に反応します。農業班で仕事をしたいと希望する利用者も常にたくさんいました。自然の命に相対し、変化を間近に感じながら育てていくということに喜びとやりがいを感じるからだと思います。実際、農業に従事すると外の空気に触れながら健康でリズムのある生活をすることになります。自然に働きかけ、自然を通して一緒に働く仲間をつくり人間関係を広げていくこともできます。農業には人間なら誰でも感じる働く喜びや心の浄化作用があるのではないかと思います。

　セルプ花でもすぐに花の栽培をスタートさせ、その後はまちが管理する花壇の手入れを社会貢献活動として担っています。そのときも利用者の仕事への意欲は高く、いきいきと仕事に取り組み、いろいろな野菜の栽培もしました。地域共生社会のテーマとして養蚕を思い立ったときも、利用者はきっと蚕を育てるのも、桑を育て葉を収穫するのも、大いに楽しみながらやってくれるに違いないと考え、思い切って農業の世界に本格的に踏み出しました。

桑のミクスプロジェクト以外でも農福連携には積極的に取り組んでいます。例えば、地域のＪＡと提携し、落花生の栽培に挑戦しています。約５００坪の圃場《ほじょう》に１万粒の種まきを行い、５カ月間にわたり除草作業やカラス対策を工夫しながら栽培管理しました。約１００キロの落花生を収穫して、それを使った商品開発も進めました。

ノウフクJASで付加価値を高める

農福連携については、国も推進を後押ししています。その施策の一つが新たな日本農林規格「ノウフクＪＡＳ」（正式名称：障害者が生産工程に携わった食品の農林規格）の制定でした。「みんなが地球の一員となり、一緒になって地域をつくっていく」という取り組みを評価しようという試みです。私たちもそれを積極的に活用しています。

この規格は「主な生産工程に障がい者が携わっていること」「原材料に１種類以上のノウフク生鮮食品を使用すること」「トレーサビリティー（流通経路の追跡可能性）を確保すること」などについて公的な認証機関が審査し、合格したものに発行するものです。

本来規格というのは産地や品種、栽培方法などを軸に、それが均一的であることを証明することでモノの価値を示します。ところがノウフクＪＡＳは反対に、その製品が多様な人の手でつくられ、非均一であることを示すことで、多様性を受け入れ、そのなかにある優しさや強さという社会的な価値を示すことを役割としています。つまりノウフクＪＡＳはモノではなく、その背後にある社会的な価値（多様性や共生型社会）を〝見える化〟し推奨するものとなっているのです。

その点では２０３０年の目標期限が間近に迫ったＳＤＧｓに沿ったものだということもできます。ノウフクＪＡＳはＳＤＧｓとして掲げられた17の目標のなかの６つの項目（「すべての人に健康と福祉を」「働きがいも経済成長も」「人や国の不平等をなくそう」

「つくる責任 つかう責任」「陸の豊かさも守ろう」「パートナーシップで目標を達成しよう」）に合致したものであることを同時に示すからです。

消費者がその商品を手に取り「ノウフクＪＡＳ」規格であることを知ったとき、障がい者が携わったもので、ＳＤＧｓの目標達成にも貢献するものなのだと気づいてもらうことができます。それが売上の拡大につながれば、障がい者の工賃アップや雇用機会の増加も見込め、耕作放棄地の活用や地域の豊かな景観の回復、そして国産の農産品の拡大にもつながっていきます。

私たちも桑のミクスプロジェクトや落花生の栽培など農福連携を積極的に進めながらノウフクＪＡＳ規格の獲得に力を入れてきました。その結果、私たちは２０２０年2月に関東地方で初めて「ノウフクＪＡＳ」の認証を取得しました。対象となった製品はマルベリージャムや桑茶、桑うどん、桑パスタ、桑パウンドケーキなどの10の桑関連商品です。これを販売促進につなげることで、桑畑が広がる緑豊かな景観を取り戻すという桑のミクスプロジェクトの後押しにしたいと考えています。落花生栽培についてもノウフクＪＡＳ規格の取得に向けて活動を続けていきます。

ノウフクアワード2022で準グランプリ

農福連携を基礎とした桑のミクスプロジェクトの展開に対して、私たちは２０１８年秋、関東農政局から「ディスカバー農山漁村の宝」の優良事例として表彰を受けました。「ディスカバー農山漁村の宝」は活力のある農山漁村の実現のため農山漁村の有するポテンシャルを引き出すことにより地域の活性化、所得向上に取り組んでいる優良な事例を表彰するものです。①障がい者の社会参加、就業支援のため、桑をテーマにした「食べる桑」、「養蚕から手織物」といった商品を開発②耕作放棄地を再生し無化学肥料で桑を栽培。桑の葉を利用し桑茶、パウダーとしてパン・ケーキ・うどん・パスタの製造③養蚕業を開始し、紬糸取りから新たに紬織物の製品化に向けて試作、といった実績が評価されました。

また、２０２１年２月には第２回栃木県農業大賞の農村活性化の部で県知事賞を受賞しました。この農業大賞は、最新技術の活用による生産力の向上や、販売方法の工夫による高付加価値化など、新たな農業経営の形がつくられるなかで、子どもたちに夢を与え、人を惹きつける魅力ある農業をさらに推進していくという観点から設定されたものです。伝統産業である養蚕の継続とその糸を使った織物や桑染めの生地を使った商品の開発、障がい者だけでなく高齢者や子どもなど地域のすべての人が働ける場の創造など、私たちの一連の桑産業への取り組みが評価されました。

私たちが地域のつなぎ役となる決意で、福祉の枠も飛び越え追求してきた桑のミクスプロジェクトは、最初は桑のシフォンケーキの試作から始まった取り組みですが、商工会議所や自治体、国の支援も受け、何よりも地域のＪＡ、企業、住民の方々の力を得て、大きなプロジェクトに育ちました。

パステルが新たに拓いた桑農園は、３カ所、合計約７０００坪に及び、桑の葉と桑の実の収穫用に種類の異なる桑の木を、合計で約１万３０００本育て、養蚕業と桑の葉、桑の実を原料とした食品の開発・販売につなげてきました。

桑の葉をテーマにした事業、桑の実をテーマにした事業のそれぞれについて農林水産省の６次産業化の認定を受け、農園の管理から収穫、原料加工、食品製造、販売までを一貫して担えるようにすることで、利用者が自分に合った、あるいは得意とする仕事を見つけやすくして職域を拡大、ノウフクＪＡＳ規格も取得しました。

その結果、農林水産省の主催するノウフクアワード２０２２では「地域を耕す」分野で準グランプリを受賞することができました。桑のミクスプロジェクトを通して地域の産業の再興、耕作放棄地の再生、地域連携の強化を実現したことが「人・未来・地域を耕す農福連携の取り組みとしてすぐれている」との評価を得たものです。

一連の受賞は取り組んできたことへの大きな自信につながり、桑のミクスプロジェクトに携わってきた利用者をはじめとする関係者を勇気づけてくれました。また受賞に伴って地元の新聞社やテレビ局などの取材が必ずあり、私たちの活動が広く報道され、社会福祉法人もここまでできるということを社会的に示すものにもなりました。表彰を機に、行政はもちろん地域で同じ志をもって活動する農家や社会福祉法人、ＮＰＯ法人、一般の企業などとの関係も深まり、新たな出会いも生まれています。その一つひとつが、次の取り組みへの大きな財産になっていきました。

第5章

社会福祉法人が
地域社会のハブへ――

社会福祉法人の存在価値を高めれば、真の共生は実現する

地域の真ん中で人をつなぐ

1998年の社会福祉法人の設立、翌1999年の事業所の開設以来、私は利用者が楽しく働き、元気に遊び、豊かに住むことを通して、一人ひとりが自立し、生きがいをもって生活していくことができるように、さまざまな事業を展開してきました。もちろんそれは施設内だけで実現するものではありません。利用者が人としての権利と尊厳をもち、ともに生きていく存在として地域社会に受け入れられて初めて実現するものです。

利用者が地域社会の一員としてさまざまな活動を担い共生社会を実現していくために、桑のミクスプロジェクトをはじめとした取り組みのように社会福祉法人が自ら地域創生事業を起案し、それを先頭で担ったというケースは珍しいものだったのではないかと思います。

そのうえで私が考えたのは、もう一歩地域のなかに入り、地域をつなぐ存在になるということでした。法人設立以来、私はまず利用者の「自立」を目指し、さらに地域のなかに存在するだけでなく、率先して共生社会づくりを進めてきました。そこからもう一歩進み、社会福祉法人として地域の真ん中で人をつなぐ役割を果たしたいと思ったのです。ただ助けてもらうだけではない、ただ一緒にいるだけではない、私たちこそが地域の人々をつなぐ役割を果たしたいと思いました。

かつての「お互いさま」の気持ちで助け合っていくという日本の美風は薄れ、家は高い塀で敷地を囲いまちに背を向けて立ち並んでいます。「ご近所」の触れ合いもすっかり影を潜めました。社会全体が強者と弱者に二分されるなかで、障がい者だけでなく、社会の狭間で生きにくさを感じている人は少なくありません。

社会福祉法人の本義は、本当に困っている人を支援することにあります。そのためにはこれまでのように福祉の枠にとどまり、そのなかで完結させるのではなく、自ら福祉の殻を破って社会に出て、地域で困っている人を支援し、その人を温かく包み込むような共生社会づくりの真ん中にいるべきだと思いました。その強い気持ちをもって２０１７年に小山市乙女に開所したのが「ＣＳＷおとめ」です。それは福祉施設でありながら、地域の人がそれと知らずに、楽しそうなところだからと自然に集まってくるような、地域の交流拠点を目指した場所でした。

人が出会う多目的施設として

「CSWおとめ」は国道4号線沿いでJRの駅からも徒歩圏という便利な場所に約2500坪という広い敷地を確保し「多機能型事業所」として生活介護事業と就労継続支援B型事業を行う施設として設けました。また、同じ敷地内に、共同生活援助事業所（グループホーム）と相談支援センター、地域交流センター、さらに本格的なイタリアンレストランを開き、ギャラリーやパン工房も設けました。障がい者に対するさまざまな福祉サービスを提供する場所であるだけでなく、まちに開かれた地域交流センターとしての役割を備えている点が大きな特徴です。

CSWというのは、コミュニティー、ソーシャル、ワークのそれぞれの頭文字を取っていますが、既存の福祉の枠ではとらえきれない困難や悩みを抱えている人に対する援助活動は、コミュニティーやソーシャルという地域を包み込む広い視野をもった活動であることが必要です。私たちがこれまで積み重ねてきたものの集大成であると同時に、これから進めていきたいと考えていることを実現するための最新の複合施設でもあります。

本格的なイタリアンレストランを開業

地域を結ぶ複合型施設であるCSWおとめのレストランについては、セルプ花に続く2つ目の通所授産施設（その後多機能型事業所に移行）となったフロンティアおやまに「コム・レストランぱすてる」を開設していました。もともとフロンティアおやまでは手づくりパンの製造・販売を続けて好評を得ていましたが、その後に本格的な一般向けレストランを始めたのです。小さなお店ですがプロの指導を受けながら利用者自らが運営しています。おそばなど和食中心のメニューで、もちろん一般の方に利用していただくものです。最初こそ「私たちでも利用できますか？」と聞かれることもありましたが、徐々に存在が浸透、一般のレストランの一つとして利用していただいています。その後は、フロンティアおやま以外にも、手づくりパンの製造・販売、お弁当や惣菜の製造・販売の店舗を出してきました。

私たちのほうからまちに入っていくという意味で、人を集める力のあるレストランは有望な存在です。ＣＳＷおとめにも中核的な施設としてレストランを設けることを最初から考えていて、それが「みゅぜ・ど・ぱすてる」となりました。

レストランを企画したとき、長く私たちを応援してくれている方から「定価５００円くらいの定食屋のような売り方をしては価格競争でコンビニに負けてしまうから、変な遠慮はせずに、高級レストランにすべきだ」とアドバイスをいただきました。

確かに安いお店にしてしまったら競争が大変です。ことさらに高級を謳うつもりはありませんでしたが、腕のいいプロのシェフに厨房に入ってもらい、おいしいイタリアンを中心にゆっくり料理を味わい楽しんでいただける店にしようと思っていました。

１０００円から１５００円くらいでランチのセットなどを出しています。厨房はシェフが中心になり、施設利用者（障がい者）約20人が毎日、野菜を洗ったり切ったり、また下ごしらえをするなど、それぞれができることでシェフをサポートし、ホールでも同じように利用者がお客さまから注文を受け、各テーブルにサービスをしており、明るく元気な対応が評判です。私が想像したよりもいきいきと元気に働いていました。一般の社会のなかで自分がきちんと役割を果たしているということが、利用者には誇らしく、生きがいになるのです。障がい者を福祉の世界のなかに閉じ込めてはいけない。その能力や適性はもちろんしっかりと見極めなければなりませんが、できる範囲でどんどん社会のなかで活躍してもらうことが利用者のためになるという思いを新たにしました。

また、レストランの開業は利用者に対して今までにない仕事にチャレンジする機会を提供することにつながりました。

利用者がさらに元気になるには——もちろんその能力に応じてですが——できる限り普通の人たちが日常的に出入りするところに自分を置いて、そのなかで役割をもってきちんと働くことができ、その働きが認められて報酬も手にできることが必要です。人と話し、人にサービスをして喜んでもらうのが好きという利用者にとって、ホールでの接客の仕事はやってみたいものの一つです。また人付き合いはあまり好きではないけれど、厨房での作業が好きという利用者にとって、プロのシェフの仕事を見たり、少しずつ教わったりしながらできる仕事が増えていくことはそれまでにない経験であり、将来は調理師免許に挑戦したいと目標を口にする利用者も現れました。本格的なレストランの開業が利用者の活躍の場を広げ、新しい夢につながったのです。

採れたて野菜の販売コーナーも

地元栃木県産の材木をふんだんに使った天井の高い八角形のレストランの建物内部はゆったりとしていて明るく、その雰囲気も好評です。テーブル席だけで40席を配置しました。壁には利用者が描いた絵も掛けています。まちの普通のレストランの一つとして利用していただき、常連となってくださっているお客さまも多く、ランチタイムやディナータイムは毎日ほぼ満席になります。桑をテーマにしたメニューも好評です。自治会や民生委員の会合など、地元の団体もさまざまな打ち合わせなどに積極的に活用してくれています。

県外の福祉関係や自治体の人が福祉関係の取り組みや桑をテーマにしたまちの創生事業を視察し、その一環としてレストランで食事をされるという機会も数多くあります。コロナ禍のもとでは通常の営業の継続が厳しく、急遽テイクアウトメニューを工夫し、注文を取る形でなんとかしのぎました。幸い地域の方々が積極的に利用することで応援しようと考えてくれたこともあり、これまで赤字で悩んだということはありません。

レストランに併設してパン工房を設け、桑のミクスプロジェクトで開発したさまざまな商品と併せ売店コーナーで販売しています。

また、レストラン入り口には、その日に採れた野菜を販売するコーナーを設けています。自宅で野菜をつくっている近隣のグループ「いきいきあぐり」と連携し、グループの委託を受けて販売しているものです。採れたての新鮮な野菜を安く購入できることからレストラン利用のついでに購入していく人が少なくありません。私たちは売上の15%をいただき、残りはすべて生産者に支払っています。お小遣い程度ですが「いきいきあぐり」の方々の副収入になり、私たちが地域に提供できる価値の一つになっています。

また、この事業所については、地域の人が自主的に応援組織もつくってくれました。

地元の民生委員や自治会長、小学校の校長先生などが中心で15人ほどが参加してくださっています。特にこちらから呼びかけたものではなく、私たちが積極的に地域のなかに入り、その真ん中にいることがきっかけになりました。

定期コンサートも開催

この事業所には地域の人に使ってもらうための交流センターも設けています。レストラン同様に「障がい者施設を外に開いた」というだけのものではありません。健常者・障がい者の区別なく、地域の人が誰でも自由に使える施設としてつくったものです。たまたまそれをつくったのが社会福祉法人だった、というにすぎません。

無料で貸し出し、地域の福祉関係団体の会合だけでなく、さまざまな集会やサークル活動などに利用していただいています。ギャラリーを併設し、期間を設けて地域で創作活動をする方に貸し出すほか、利用者が日頃制作している絵画や似顔絵、陶芸、織物や切り絵、詩などを展示し、地域の方に見ていただいています。

さらに、隣り合わせているレストランスペースとつなげて広いホールにして、プロの音楽家を招いてのディナーコンサートも毎月1回のペースで開催しています。その日は全席予約の貸し切りとして、地域の方々に生の音楽の魅力を楽しんでいただきます。地方の小さなまちで、プロの音楽家の生演奏に接する機会は決して多くありません。まちで好評のイベントになりました。当初は夜だけの開催でしたが「夜遅いと眠くなる」という高齢の方の声もあり、昼と夜にそれぞれ開催するようにしました。無垢の木をふんだんに使った建物であることから音の響きはすばらしくコンサートは好評です。利用者にも専用の席をつくり、生の音楽を楽しむ機会にしています。利用者も障がいがあるという以前に一人の人間です。働くだけでは豊かな時間は過ごせません。絵を描いたり音楽を聴いたり、私たちと同じように、仕事も一生懸命、遊びも一生懸命に楽しんでほしいと思っています。

手織り工房「Sakura」をオープン

ＣＳＷおとめの開設から4年後の２０２１年4月、国道を挟んだ施設の真向かいに小山市の伝統産業である「蚕・繭・紬・染・織り」を楽しむことをテーマにした新しい手織り工房「Ｓａｋｕｒａ」をオープンしました。新しい多機能型事業所の設立とともにスタートした織物班に所属する利用者が活動しています。班のメンバーはここで、地元の養蚕で得られた繭から紡がれた糸だけを使い、さまざまな作品を織り上げています。

この工房も地域の施設として運営しており、誰でも気軽に染色・手織りを体験できるコース（約2時間、有料）を設けています。染色体験では、桑の葉や桜、季節の薬草や花を使った草木染が体験でき、糸や布を好きな色に染めて楽しみます。どんな発色になるか、自然が相手だけに予想がつかず、そのワクワク感が人気です。手織り体験では、糸掛けが簡単で初心者でも気軽に手織りが体験できるフラミンゴ手織機を用意しました。縦糸、横糸にそれぞれ好きな色を組み合わせて織っていきます。地域の伝統産業であり、文化や暮らしの原点となっていた蚕からの手紬糸を使った織物体験を楽しむことができます。養蚕や織物をテーマにした地域再生の活動への共感をさらに広げるものになってほしいと考えています。

建物の内装に使った壁紙は、世界で活躍する建築家、隈《くま》研《けん》吾《ご》氏のデザインです。規則的な直線で構成される建物は、緊張やストレスを高めますが、この壁紙は、蚕からの手紬糸を壁材に使用しているために白、黒、そして光の反射で輝いている部分などが独特のリズムのある揺らぎを示すもので、見る人の心を穏やかにさせてくれるものだといわれています。その壁には利用者の織物の詩が掲示されており、これだけでも一見の価値があります。

重症心身障がい児を受け入れる

本格レストランや交流センターを設け、地域の人が出会う場とすることが私たちの大きな目的ですが、もちろん多機能型事業所としての機能も充実させています。重症心身障がい児の受け入れもその一つです。

障がいが重く、人工呼吸器を付けていたり痰の吸引が欠かせなかったり、胃に管を入れて栄養を得ていたり、といった医療的ケアが欠かせない重症の心身障がい児（者）の支援は、今とても大きなテーマになっています。医療と療育の発展によって、重症心身障がい児もしっかりと人生を送れるようになった反面、治療を終えているため入院生活を継続することができず、24時間体制での医療的ケアと生活介護の両方が提供できる医療機関と、緊密な連携をする福祉施設は極めて限られています。そのため、多くの場合、自宅で家族、特に母親が看護師の訪問を受けつつ、つきっきりで世話をしているというケースが多くなっています。ひとときも休めない家族は疲労困憊しています。法律上は２０１６年の児童福祉法の改正によって、こうした重症心身障がい児については地方公共団体が保健、医療、福祉等の支援体制を整備するとしていますが、過去10年で医療的ケアが必要な重症心身障がい児の数は2倍に増えています。新生児医療が高度に発達している日本では、以前は救えなかった命を救うことができるようになっているからです。しかし、重度の障がいのある子どものその後の成長を支援する体制が追いついていません。整備はまだまだ道半ばで、相変わらず家族に依存したものになっています。

　私も社会福祉法人の設立以来、なんとかその支援ができないかと考えてきましたが、ハード・ソフトの両面で高いハードルがあり、〝駆け出し〟の社会福祉法人にはどうしても手が届きませんでした。

　それから約10年を経て事業の基盤も整い、経営の要諦もつかめたことから、新たに開設した多機能型事業所には生活介護事業として重症心身障がい児を受け入れる体制を整えました。さまざまな地域活動のなかで関係をつくってきた近隣の病院との間で、連携体制が確保できたことが大きな要因です。医療的ケアは常駐の看護師が担い、食事や排泄などの日常行為の介助は介護スタッフが対応します。それに加えて緊急時の病院とのホットラインができました。事業所に滞在している間は、本人が少しでも楽しく、そして家族が少しの時間でも子どもから離れて自分の時間をもつことができればと思っています。現在は約18人と契約し、半数は毎日来ています。1週間単位のプログラムをつくっているので、それに沿ってサービスの提供をします。かつては重症心身障がい児は長く生きられないかのように考えられていましたが、今はそんなことはありません。一人ひとりにどんな人生を歩んでもらうのか、家族と一緒に考えながらサービスの提供を続け、今後も受け入れ人数を増やしていく計画です。

視線入力装置を用いた意思表示学習

重症心身障がい児受け入れの際の一助になればと、まったく言葉が喋れず意思表示ができない重度の障がいのある子どもを相手に、宇都宮大学の岡澤慎一教授のもと、言語表現に代わる意思伝達を可能にする仕組みを学習しています。パソコンの画面に特定の絵を表示し、子どもがそれを3秒ほど凝視すると絵が動きだし、その絵をさらに追って再び凝視すると今度は音楽が流れるといったもので、視線の動きを感情や意思伝達の手段にしていこうという試みです。単に重症心身障がい児を預かるだけでなく、こうした研究についても社会福祉法人として積極的に関わり、サポートの質の向上に貢献していきたいと考えています。

もう8年ほど前になりますが、私たちはカナダに視察旅行に出掛け障がい者センターを見学したことがあります。そのとき、一行を案内してくれた現地スタッフは車椅子を使っている障がい者でした。まったく話すことはできないのですが、膝の上に1台のパソコンを載せていて、画面を凝視すると間もなくその場所に適した案内のアナウンスが日本語で流れるのです。別の場所に移動して同じように画面を見つめると、やはりその場所にふさわしい案内が流れます。同じようにして、その障がい者は全館をくまなく案内してくれました。モニター画面を見つめることで、障がい者はコンピューターに意思の伝達ができるようになっていたのです。私たちが今重症の心身障がい者との間でやろうとしているのも似たようなことです。カナダに比べればだいぶ遅れているといわざるを得ませんが、研究に協力し重症の心身障がい者との今までにないコミュニケーション手段を開発して、心を通わせることができるようになればと思っています。

単独の社会福祉法人では到底解決できないことも、地域に根ざし、地域での活動を積み重ねるなかで医療や医学的研究との連携を築いていけばできることは確実に増えていくということを実感しています。地域にはさまざまな資源があり、単独で存在するより横でつながることで、1＋1以上の力が発揮できるのです。

また新しい多機能型事業所には独自の相談支援センターを設けました。私たちの法人傘下の事業所に関する相談所ではありません。年齢や障がいの種別を問わず、行政、福祉サービス提供事業所、医療機関と連携し、専門の研修を受けた相談支援専門員が常駐して生活のさまざまな相談に応じるものです。行政の相談窓口は職員の数も限られスピーディーな応対が難しい場合もあります。それを補完しながら、まちの総合的な相談窓口として活用していただきたいと思っています。

「誰ひとり取り残さない」というSDGsのメッセージは、社会福祉法人が最も大切にしなければいけないものです。そのために何を課題に、どのような体制を取っていくべきなのか、地域に開くことによって見えてくるものがたくさんありました。相談支援センターにも、私たちが気づけなかった地域のいろいろな悩みや問題が持ち込まれます。それにどう応えるのか、社会福祉法人としてやらなければならないことはまだまだ多いと感じています。

福祉BCPへの取り組みを開始

新しい多機能型事業所の開設は、地域をつなぐ新しい社会福祉法人として私たちが地域の真ん中に拠点を構え、具体的な役割を果たしていくという新たな一歩でした。２０１９年10月に発生した台風19号による東日本の大規模な浸水被害の発生を目の当たりにして、地域の核である私たち自身の災害対策が未整備だという問題に直面しました。

ボランティアとして被災した社会福祉法人を訪ね、その被害の実態を目の当たりにしたとき、たまたま私たちの施設は無事だったとはいえ、私たちがこれまで行ってきた消火器の使用訓練や避難訓練がいかに甘いものであったかということに気づかされたのです。

施設が被災したとき、利用者や職員の命をいかに守り、安全を確保するのかという自らの災害対策、高齢者や障がい者、乳幼児など特に配慮を必要とする人を迎え入れる福祉避難所の開設や避難誘導をいかに行うのかについて詳細な行動計画やマニュアルはまったくつくられていませんでした。実践的な災害対策策定の必要性を痛感し、ＢＣＰ（事業継続計画）策定や地域での被災者支援のあり方についての検討を始めました。地域のなかにあるということは、被災時にもきちんとその役割が果たせる準備をしておかなければならないということだからです。福祉ＢＣＰを２年間実践して明らかになったことは、いつ災害が来るか分からないということです。状況は常に変化しているので、その変化に対応できる訓練の計画を年間で立て実践を積み重ねることの大切さを学ぶことができました。３年目の研究は、それらを計画に入れて、あらゆる災害を想定して訓練の日常化に努めます。

公益的な中間企業体ソーシャルファームへ

地域の人々とともに桑のミクスプロジェクトを進めるなかで気づかされたことがあります。それは困っている人、生きにくさを感じている人は障がい者だけではないということです。東京への一極集中の勢いはコロナ禍で一時弱まったものの、現在は再び転入者が増え、一向に解消されません。解消されないどころか、東京をはじめ名古屋、大阪を含む３

大都市圏や地方中核都市への人口集中はさらに進んでいます。今後も総人口の減少が続くなか、効率的な行政サービスの提供のために、むしろ人口集中は推奨されているのではないかとすら感じます。

今や日本の総人口の約3割が東京圏（東京都、神奈川県、埼玉県、千葉県）に集中、名古屋圏（愛知県、岐阜県、三重県）、大阪圏（大阪府、兵庫県、京都府、奈良県）を合わせた3大都市圏に、総人口の5割以上が集まり、その割合は年々拡大しています。その反面で、若い人の流出が止まらないことも加わり、地方の中小都市や農村部では高齢者の単身世帯が増えています。台風や大雨による土砂崩れや洪水などの被害を報じるニュースを見ていると、疲れた表情で取材に応じているのは高齢者ばかりです。

さらに仕事や学校に行かず、家族以外の人と付き合わずに半年以上家に引きこもっているという人は、２０１６年９月発表の内閣府の推定で約54万人と判明しました。その後この調査が15歳から39歳までの若年層に限定して行われたものだったことから内閣府は改めて40歳から64歳を対象にした調査を行い２０１９年３月に結果を発表しました。そこでは推定で61万３０００人が引きこもりであるとされました。調査年度は異なるものの、単純合計で約１１５万人にのぼり、若年層よりむしろ中高年層に引きこもりが多いことも分かったのです。さらに２０２３年３月に内閣府が公表した最新の調査では、15歳から64歳までの引きこもりの総数は大幅に増え、推定で１４６万人にのぼるとされました。現在の滋賀県一県の人口が約１４０万人ですから、この数がいかに多いかが分かります。しかも生活力がないために親と同居していることがほとんどで親も高齢化しています。

　個やその自由が強調されるあまり、貧しさや社会に適応できずうまく働けない人がいても、「努力が足りない」「社会のせいにするな」「自己責任だ」という言葉が投げつけられる傾向は強くなるばかりです。物価は上がり、正規社員の給与は上がっても、今では被雇用者の４割を占める非正規雇用の待遇は一向に改善されていません。わずかな年金を頼りに暮らす独居老人、シングルマザーで思うように働けず困窮している人、社会で孤立してホームレスになった人や、ネットカフェを泊まり歩く人、一度刑に服して社会復帰しようとしながらうまく溶け込めない人など、社会の狭間に追いやられ、生きにくさを感じている人は少なくないのです。しかしこうした人たちは国が分類する「障がい者」ではありません。具体的なサポートは得られず、サポートを提供しようとする団体やＮＰＯ法人にも援助はありません。そのため家族や親族が世話をするか、民生委員などの世話になって生活保護を申し出るかしかないという状態です。

私はこうした、社会の片隅に追いやられ孤立した人に手を差し伸べることも、地域の社会福祉法人の重要な役割ではないかと考えています。それはお金を払うことで解決すべきことではありません。日本では生活困窮者には生活保護費を支給すればよいという感覚があります。しかし、本当に解決すべきは働く場がもてない、居場所がない人がいるという社会の現実です。一時的にお金を支給しても、社会環境そのものは何も変わりません。障がい者の枠を離れ、福祉の枠も離れて、そうした人たちが生きがいをもって働くことができる場所が必要ではないかと思います。一般企業ではなく、また福祉施設の作業所でもなく、その中間のような場所です。

「ソーシャルファーム」という言葉が聞かれるようになりましたが、ソーシャルファームこそ、こうした人々に手を差し伸べることができる中間的な企業体です。ボランティアが運営する支援団体ではありません。存立の目的は公益的でありながら、あくまでもビジネス的な手法で経営していく企業体です。

もともとは1970年代のヨーロッパに発するもので、従来の労働市場では仕事が見つかりにくい人を対象に、通常のビジネス的な手法で（つまり福祉として提供するものではなく）、仕事の場をつくるというものです。税金を使った福祉サービスではなく、あくまでも自立したビジネスとして事業を行います。売上も利益も必要です。もちろん簡単なことではありません。大資本が豊富な経営資源に物を言わせて事業を展開しているような市場では、勝負をしても勝ち目はないため、いわゆるニッチ市場を狙うことになります。ビジネスアイデアを練り上げ、特徴のある商品やサービスをつくり、独自の販路を開拓する——当たり前ですが、ソーシャルファームならではのアプローチが求められるのです。

ソーシャルファームのような中間企業体があれば、従来の狭い意味での福祉の枠では視野に入ってこない人も招き入れることができ、そこでの経験が一般企業への就労につながることも考えられます。もし一般企業でうまくいかなければ、もう一度、この中間企業体に戻ることや、あるいは福祉の世界に入るということも考えればいいのです。福祉と一般企業の中間にもう一つの場があるだけで、社会はもっと優しく包容力のあるものになります。

ソーシャルファームの設立と運営はビジネスとして成り立たせる力が必要であり、社会福祉法人が単独ですぐ担えるものではありません。しかし、一般企業と福祉の中間にある企業体の存在はＳＤＧｓが掲げる誰ひとり取り残すことのない豊かな社会をつくることにつながります。社会福祉法人の枠にとらわれることなく、地域のなかで新たな事業を育てていきたいと思っています。

どういう社会をつくるのかが問われている時代に

パステル創設25年というこの期間に、時代は大きく変わってきました。そんななか、福祉という枠だけの経営でいいのだろうかと考えました。もちろん福祉の視点から残された課題はまだまだあります。

現在私は栃木刑務所でノウフクについて講義や実践を行っております。罪を犯してしまった人が社会へ出たときの受け入れ体制ができているのかと考えると、社会福祉法人パステルの役割は福祉のみでいいのだろうかという思いに駆られたのです。

　福祉の歴史的展開といわれている「措置」から「契約」へ法的整備を成し遂げた済生会病院理事長の炭谷　茂氏は、この法的整備に１６０回の会合を重ねてきたと報告をしています。そして現在済生会では「ソーシャルインクルージョン」としてソーシャルファームの実践を重ねています。炭谷氏は障がい者というレッテルをはがし、障がい者という言葉自体がなくなっていくことを目指しています。その根幹は、「人権」であり「人間として尊厳ある生活をするために必要なこと」と福祉を語っています。

　また日本社会事業大学の名誉教授である大橋謙策氏は、これからの社会福祉法人パステルに求められているものは、ソーシャルファームや労働者協同組合法に基づく新たな働き方の場の創造であり、休耕田畑を利用した「農福連携」による6次産業ならぬ8次産業化や、社会福祉法人経営の近代化などを挙げています。そして私自身もなにより基本に戻って方向性を考えることこそが必要とされているのではないかと考えています。

　社会は強者や富める者だけのものではなく、彼らに合わせて、その利益を反映するものとしてつくられるべきものでもありません。なぜなら社会を構成するのは、さまざまな属性や能力や個性をもった一人ひとりであり、誰もが尊重されるべき人間としての権利をもっているからです。優秀な者と劣った者、必要な者と不要な者の区別などあるはずはありません。人は生まれ、成長し、自身の人間的な完成に向けて一歩一歩、お互いに学びながら歩んでいく存在であり、そういう者として等しい存在です。私自身、特殊学級や養護学校で出会った知的障がいのある子どもたちを前に、自分を恥じ、多くの学びを得たのです。どちらが人間らしいのか、私は何度も考えさせられました。人としてどう生きていくべきか、私は言葉ももたない障がい者から、多くのことを教わりました。彼ら、彼女らがいなければ、今の私はありません。鏡のように自分を見せてくれる障がい者の存在は、私にとって、そして社会にとってかけがえのない宝物です。

暮らしやすいまちとは何か、いろいろな指標があるようです。例えば公園の数や広さ、図書館の数、学校の充実や緑の豊かさ、物価の安さや生活の便利さ。最近なら最寄りにあるコンビニの数も重要視されています。そうした要素を適宜組み合わせ、総合点を導いて比べた「暮らしやすいまち」のランキングも、時折マスコミで発表されたりします。

いや、本当に暮らしやすいまちは、そんな指標の数々ではなく、このまちが好きだという人がどれほどいるかだ、と明快に語った人もいました。傾聴すべき意見だと思います。

しかし、私がこれこそ暮らしやすいまちだと思うのは、もう少し違うものです。

それはまちの真ん中で、障がい者や社会的な弱者と呼ばれる人たちが、当たり前に、まちの人たちと一緒になって助け合い、支え合いながら心からの笑顔で生きているまちです――残念ながら、今はまだ存在しません。そのまだ見ぬ理想のまちに向かって、さらに歩みを進めたいと思っています。

おわりに

私は養護学校の教員として、障がいのある児童の教育に30年以上従事し、生徒たちの素直さに支えられて毎日を過ごしてきました。できなかったことが少しずつできるようになっていくプロセスは生徒の喜びとともに私自身の喜びでもありました。

養護学校で一生懸命に教え育てたすばらしい生徒たちが、就労に失敗し仕事を辞めて家にこもってしまうのを何度も何度も見せられ、なんとかこの生徒たちが笑顔で自立して生きていける社会にできないかと、定年を目前にまったく経験のない社会福祉法人の経営に足を踏み入れました。

それから25年、試行錯誤しながら、保護者と知恵を絞り、地域で助けてくださる多くの方との出会いを重ねて、当初は予想もしなかった規模に経営を拡大しながら、ここまで歩いてくることができました。今の私の人生観はこれまで関わってきた障がい者の方々に育ていただいたのです。私の人生の恩返しが社会福祉法人の運営でもありました。

スタートの1998年が、日本の社会福祉政策が「措置」から「契約」へと大転換し、利用者に選ばれ、契約をいただかなければ社会福祉法人として経営していけないという時代への分岐点であったことは、私にとって幸いだったと思います。何が求められているのか、どうすればそれに応えられるのか――国の施策ありき、補助金ありきで経営を考えるのではなく、どうすれば必要とされているものを用意できるのか、ただそれを考えるしかなかったからです。

その答えは、施設内だけでは得られないこともすぐに分かりました。利用者の一人ひとりが人として尊重され、自立して笑顔で生きていくためには、そういう社会がなければなりません。福祉サービスとは施設の中だけで成立するものではなく、障がい者を含む地域社会のすべての構成員が、お互いの個性と多様性を尊重し、学び合いながら、より良い社会をつくっていこうとするところに生まれるものだと思います。

ゴールはまだ遠く、やらなければならないことは山積しています。私に残された時間はそれほど長くはないのかもしれませんが、歩みを止めるわけにはいきません。私の悩みも疲れも、何もかもを吹き飛ばしてくれる利用者の笑顔をもっと大きなものにするために、そして、支援を心待ちにしながら辛抱強く生きている人に心からの笑顔を届けるために、私は、私とパステルの仲間と、そして農福連携において地域をとりまとめてくださった岡安さまをはじめ、私たちを力強く支えてくださっている皆さまとともに歩み続けていきたいと思います。

　あまりにも数が多過ぎて、お一人お一人のお名前をここに記すことはとてもできません。応援してくださるすべての皆さまに心からの感謝を記して筆をおきます。ありがとうございました。

【主要参考文献】

●序　章
『ノーマライゼーションの原理―普遍化と社会変革を求めて』（ベンクト・ニィリエ著　現代書館）
『福祉サービスの組織と経営』（小口将典編著　ミネルヴァ書房）

●第1章
障害保健福祉研究情報システム（日本障害者リハビリテーション協会情報センター）ホームページより
「今後の特別支援教育の在り方について（中間まとめ）」
「時代を読む7　いま、特別支援教育」
愛知県弁護士会ホームページより
「Q14　知的障害児はどのように教育を受ける権利を保障されているのですか」
『復刊　この子らを世の光に　近江学園二十年の願い』（糸賀一雄著　ＮＨＫ出版）

【著者プロフィール】

石橋須見江（いしばし・すみえ）

社会福祉法人 パステル理事長

1939年、栃木県宇都宮市生まれ。1962年、日本社会事業大学社会福祉学部卒業。

公立中学の特殊学級の担当教員を経て栃木県立栃木養護学校開設とともに同校教員となり、37年にわたり知的障がい児教育に携わる。

その後、教え子が卒業後に仕事がなく家に閉じこもってしまうケースが多いことを知り、この解決に挑むことを決意。退職金をすべて注ぎ込み、1998年、社会福祉法人パステルを創設、翌年、通所授産施設「セルプ花」を開設。以後、現在まで「多機能型事業所」「グループホーム」「障がい児通所支援事業所」「障がい者支援施設」「居宅介護事業所」「相談支援センター」など栃木県・茨城県下で約30施設を開設。施設利用者数は720人を超え、職員も240人を数える。年商約12億円。地域に溶け込み、地域の役に立つ社会福祉施設となることを経営の基盤に据え、地域に根ざした社会福祉法人として全国でも例のない発展を実現している。

本書についての
ご意見・ご感想はコチラ

障がい者と地域社会の真の共生をめざして

2023年6月30日　第1刷発行

著　者　　石橋須見江
発行人　　久保田貴幸

発行元　　株式会社 幻冬舎メディアコンサルティング
〒151-0051　東京都渋谷区千駄ヶ谷4-9-7
電話　03-5411-6440（編集）

発売元　　株式会社 幻冬舎
〒151-0051　東京都渋谷区千駄ヶ谷4-9-7
電話　03-5411-6222（営業）

印刷・製本　中央精版印刷株式会社
装　丁　　立石 愛

検印廃止

Printed in Japan
ISBN 978-4-344-94682-8 C0036
幻冬舎メディアコンサルティングＨＰ
https://www.gentosha-mc.com/